나는
쇼핑중독자였습니다

THE YEAR OF LESS
Copyright 2018 by Cait Flanders
Originally published in 2018 by Hay House LLC
All rights reserved.

No part of this book may be used or reproduced in any manner whatever without written permission except in the case of
brief quotations embodied in critical articles or reviews.

Korean Translation Copyright © 2025 by SJW International
Korean edition is published by arrangement with Hay House LLC through BC Agency, Seoul.

이 책의 한국어판 저작권은 BC에이전시를 통해
저작권자와 독점계약을 맺은 (주)SJW International에 있습니다.
저작권법에 의해 보호를 받는 저작물이므로 무단전재와 복제를 금합니다.

나는
쇼핑중독자
였습니다
The Year of Less

케이트 플랜더스 지음
―――――――――――
윤영 옮김

시원
북스

○ **일러두기**
이 책에서 적용한 환율은 초판 1쇄 편집 시점을 기준으로 합니다.
읽는 시점에 따라 환율에 의해 차이가 있으므로 참고 부탁드립니다.

우리 가족에게, 그리고 몰리와 렉시에게
영원히 그리울 거야, 사랑스러운 친구들

추천사

"'더 많은 물건'이 해답이 아니라는 사실을 보여주는 살아 있는 실험. 우리 모두가 배울 수 있는 매혹적인 이야기."
_보그 (Vogue.com)

"한 사람의 놀라운 자아 탐색이자, 우리가 얼마나 물질 중심적인 삶을 살고 있는지 일깨워주는 강렬한 메시지. 이 책은 분명 당신의 소비 습관에 대한 시각을 바꿔줄 것이다."
_인디펜던트 (The Independent)

"이미 《인생이 빛나는 정리의 마법》으로 옷장을 정리한 독자가 있다면, 이 책은 그가 자신의 재정까지 정리하고 싶게 만들어줄 책이다."
_메트로 (Metro)

"삶에는 소비주의와 그 악순환보다 더 중요한 것이 반드시 있을 거라고 생각해본 사람이라면 이 책에서 자유를 향한 영감을 발견할 수 있을 것이다. 저자의 재미있고 개인적인 이야기는 유익하고 도전적이며 믿기 힘들 정도로 유용하다."
_조슈아 베커 《작은 삶을 권하다》 저자

"저자 케이트 플랜더스는 용감한 여성이다. 책을 읽으며 울었다. 하지만 동시에 내 마음은 즐거움으로 가득 찼다. 스스로 해낼 수 없다고 생각하는 사람들에게 그의 이야기는 보여준다. 어디에서 시작하는지는 중요하지 않다고. 중요한 건 어디로 가느냐라고."
_게일 바즈 옥슬레이드 〈Till Debt Do Us Part〉 진행자, 《Debt-Free Forever》 저자

"저자의 대담한 목표, 1년간의 쇼핑 금지령은 우리 모두를 위한 교훈으로 가득 찬 굉장히 개인적인 책을 탄생시켰다. 덕분에 우리는 (아무것도 없이 사는!) 삶에서 더 큰 충만함과 의미를 찾을 수 있게 되었다. 소비 중심의 세상에서 단순함을 추구하는 사람이라면 누구나 읽어 보면 좋을 획기적인 책이다."
_레이첼 조나 《The Joy of Doing Notings》 저자

"이 책은 아름답고 연약하며 진실되다. 저자의 말은 내가 글쓰기와 삶 앞에서 더 용감해질 수 있게 영감을 준다. 여러분에게도 마찬가지일 거라 확신한다."
_태미 스트로벨 《행복의 가격》《Everyday Adventures Journal》 저자

"내가 가진 것을 최소화한 덕분에 한때는 물건이 차지하고 있던 공간을 이제 다른 좋은 것들을 채울 수 있게 되었다. 이 책은 영감을 주며 소유물을 줄이는 것이 얼마나 큰 변화를 불러올 수 있는지, 그리고 여기서 어떻게 한 단계 더 발전시킬 수 있는지를 보여주는 강력한 사례다."

_케이티 달레바우트 《Let It Out》 저자

"술, 폭식, 그리고 충동적인 쇼핑으로 자기 위안을 하던 저자는 결국 이렇게 말했다. '더 이상은 안 된다.' 이 책은 단순히 적게 가지고 사는 방법에 대한 책이 아니라, 우리가 꼭 필요하다고 생각했던 것들을 기꺼이 내려놓으면 우리가 진정으로 원하는 삶을 살 수 있다는 사실을 보여주는 가슴 따뜻한 이야기다."

_코트니 카버 《Soulful Simplicity》 저자

"이 책은 마치 선물과 같다. 늘 변화를 원했지만, 실패할까봐 두려워서, 자신의 숨겨진 내면에서 무엇을 발견하게 될지 몰라 두려워서, 무슨 일이 벌어질지 두려워서 변하지 못했던 사람들에게 주는 선물이다. 저자는 덜어내는 삶을 만들어내는 과정을 아름답고도 정직하게 써 내려간다. 그리고 강박적이고 무분별한 소비의 끝없는 회전목마에서 내려와 저 너머에 있는 선함으로 나아갈 수 있게 허락해준다."

_브룩 맥알러리 〈The Slow Home Podcasst〉 진행자, 《Destination Simple》 저자

"한 여성이 쇼핑, 술, 음식 등 중독의 장애물을 극복하고 목적 지향적인 삶을 만들어내는 감동적인 이야기. 이 책을 읽고 나면 당신도 삶을 변화시킬 준비가 되어 있을 것이며, 덜 움켜쥐고 사는 것이 왜 당신을 더 자유롭게 만드는지 이해하게 될 것이다."

_엘리자베스 윌라드 테임즈 《Meet the Frugalwoods》 저자

들어가는 글

나는 앞으로 1년간 쇼핑을
금지하기로 했다

내 대부분의 아이디어가 그러하듯 내 인생을 바꾼 아이디어 역시 길 위에서 탄생했다. 때는 내 스물아홉 번째 생일을 이틀 앞둔 날, 나는 여자 사람 친구들과 휘슬러^{캐나다 브리티시컬럼비아 주에 있는 마을}에서 주말을 보내며 생일을 축하하기로 했다. 우리는 가리발디 주립공원^{휘슬러와 스쿼미시 사이에 위치} 안에 있는 치카무스 호수 주변을 하이킹하고 있었다. 흘러가는 구름 모양이 바뀔 때마다 청록색 물 빛깔도 시시각각 변하는 그런 곳이었다. 우리의 대화 주제 역시 직장 일이나 취미부터 친구, 연인 관계까지 모두 아우르며 빠르게 변해갔다.

웬디는 최근 오랜 남자 친구 집으로 이사를 들어갔고, 리즈 역시 똑같은 상황을 준비 중이었다. 둘 다 그다음 단계에 대해서도 이야기했다. 집값이 걷잡을 수 없게 뛰기 전에 우리 고향인 브리티시컬럼비아 주 빅토리아에 집을 살 것이며, 결혼을 하기 전에 아기부터 가질까 고민

중이라는 내용이었다. 금융 스타트업에서 2년간 편집 주간 일을 했던 나도 나름의 식견을 친구들과 공유했지만, 내가 나눌 수 있는 건 딱 거기까지가 전부라는 느낌이 들었다. 친구들은 삶의 다음 단계를 향해 나아가고 있는데 나는 아직도 나 자신을 위해서만 일하고 있었다. 리즈가 나에게 물었다.

"넌 이제 계획이 뭐야, 케이트?"

내 오랜 친구가 할 수 있는 너무나도 단순한 질문이었다. 리즈와 내가 처음 만난 건 8학년 때였다. 같은 학교에 다닌 시간은 딱 1년뿐이었지만 그것만으로도 충분했다. 리즈는 길 아래쪽에 살았고 우린 두 집 사이를 오가며 서로의 집에서 놀곤 했다. 이렇게 오랜 세월을 함께한 친구인 만큼 리즈는, 나 역시 드디어 정착할 준비가 되었다고 말하기를 기대했을지도 모르겠다. 하지만 한편으로는 나를 잘 알기에, 곧 일을 하러 토론토로 돌아간다거나 아예 새로운 도시로 이사를 갈 거라는 대답을 기다렸을 수도 있다. 난 언제나 이사 중이었기 때문이다.

그런데 그 대신 나는 일주일 내내 고민하던 생각을 공유했다.

"일정 기간 쇼핑을 하지 않는 실험을 해볼까 생각 중이야. 6개월 정도, 아니면 1년까지도."

내가 이런 선언을 했음에도 친구들은 더 이상 놀라지 않았다. 빚을 갚기로(빚을 지지 않기로) 다짐하고, 건강을 관리하고, 술을 끊는 등 나는 앞선 3년 동안 이미 수많은 삶의 변화를 경험했기 때문이다. 그리고 2010년부터 시작한 블로그caitflanders.com, 이전에는 'Blonde on a Budget'으로 알려짐에도 이런 변화를 공개적으로 기록해왔던 터였다. 친구들은 일단 '멋지다' '재미있겠다' 같은 호응을 해준 뒤 잇따른 질문을 쏟아냈다. 일단 큰 소리로 말을 내뱉은 김에 나의 의도가 확고해졌고 계획도 수립되기 시작했다. 우리는 이 실험이 어떠해야 할지 이야기를 나누었다. 예를 들면 내가 사도 되는 것과 사면 안 되는 것 등을 고민했다.

아직 모든 답을 얻지는 못했다. 무슨 실험이든 모든 답을 가지고 시작했던 적은 한 번도 없었다. 마찬가지로 2년 만에 빚 30,000달러3,900만 원를 갚을 수 있게 될지 몰랐고, 1년 동안 약 14kg을 빼게 될 줄도 몰랐다. 이후 12개월 동안 내 수입의 51%로 생활하면서 31%는 저축하고, 또 서부로 여행을 가게 될 줄 전혀 몰랐다. 또한 내 블로그에 이렇게 많은 것들을 기록하게 될 줄도 몰랐고, 온라인에 공유하지 않은 나의 이야기와 교훈이 결국 이렇게 책으로 나오게 될 줄도 몰랐다. 그저 내가 알고 있었던 건 당시 나의 재정적 상황에 스스로 만족하지 못하고 있었다는 점, 그리고 앞으로 덜 소비하고 더 저축하길 원한다는 점이었다. 이것이 바로 내 이야기의 시작이다. 내 이야기의 대부분은 바로 여기서 시작된다.

내가 아홉 살 때 부모님은 나를 데리고 은행에 갔고, 거기서 같이 어린이 저축 계좌를 만들었다. 그랬더니 내 계좌의 예치금과 잔액을 기록할 수 있는 작은 책자를 받을 수 있었다. 스테이플러 두 개로 고정되어 있는 겨우 10페이지짜리 책자였지만 거기에 내 이름이 적혀 있는 만큼 난 그걸 소중히 여겼다. 거기에 숫자를 써넣으면 왠지 내가 장난감보다 더 큰 걸 책임질 수 있는 어른이 된 것 같은 느낌이 들었다. 나는 그걸 책상 서랍에 보관했는데 숙제가 가득 적혀 있는 초등학생용 플래너와 다이어리 사이에 쏙 끼워놓았다. 부모님에게 저축의 중요성에 대해 이야기를 들었던 기억이 그때가 처음이었다. 하지만 안타깝게도 그 새로운 기분은 빠르게 퇴색되었고, 돈 관리에 대한 흥미와 더불어 그 소책자까지 사라져버렸다.

10대 때는 학교에서 집에 돌아왔을 때 침대 위에 신문 기사가 잔뜩 널려 있는 걸 종종 발견하곤 했다. 금리, 퇴직 연금, 부동산 시장, 경제 전망 등에 관한 기사를 잘라서 펼쳐둔 것이었다. 모두 아빠가 나한테 보여주려고 한 행동이었다. 아빠는 매일 아침 식탁에 앉아 오렌지 페코 차를 마시며 신문을 첫 장부터 마지막까지 다 읽었다. 내가 옆에 없어서 내 눈앞에 신문을 들이밀지 못할 경우 직접 잘라서 침대 위에 올려놓았다.

"그 기사 읽어봤어?"

학교에서 집에 돌아온 지 얼마 되지도 않은 나에게 아빠가 이렇게 물을때마다 난 늘 우는 소리로 대답했다.

"아, 나중에 볼게요."

하지만 그 '나중'은 번번이 찾아오지 않았고 아빠 역시 그 사실을 알고 있었다. 아빠는 저녁 식사 시간에 그 기사에 대한 스무고개 질문을 하곤 했고, 간단한 예를 들기 시작하다 결국 극단으로 치달으며 때론 큰소리를 내기도 했다. 이건 늘 내가 딴생각에 빠질 때 일어나는 일이었다. 내 눈이 풀려서 게슴츠레해지는 순간 아빠는 이렇게 외쳤다.

"이거 정말 중요한 거야, 케이틀린!"

아빠가 내 이름을 제대로 부른다는 건 지금 장난 칠 기분이 아니라는 뜻임을 나도 알고 있었다. 심각한 순간이거나 내가 위험에 빠졌을 때가 아니면 아무도 나를 '케이틀린'이라고 부르지 않았기 때문이다. 그럼에도 나는 건너편 벽에 걸린 에밀리 카의 그림 속 나무를 바라보며 고개를 끄덕이고, 아빠가 하는 말의 일부를 따라 말했다. 그러면서도 꼭 나는 모든 부모가 눈알을 굴릴 만한 문장을 입에 달고 살았다.

"나도 알아요."

그때는 나도 다 알고 있었다.

당시로서는 지루해 보이는 주제였지만 지금은 서로 돈 이야기를 나누는 가정에서 자랐던 것이 얼마나 행운인지 알게 되었다. 실제로 우린 서로 못 하는 이야기가 없었다. 아빠가 선원이면 그 어떤 주제도 금기시되지 않는다. 욕실에서 뭘 하는지부터 시작해서, 남자애들과 침실에서 해서는 안 될 일에 대한 거침없지만 솔직한 조언까지, 우리는 온갖 지저분하고 사소한 이야기들을 서로서로 나누었다. 적어도 우리 부모님은 내가 그러는 줄 아셨다.

어떤 문제에 대해서는 가족들에게 솔직했던 만큼, 그들에게 비밀로 하는 것들도 무척 많았다. 부모님은 10대 시절 내가 남동생과 여동생을 봐주고 받은 용돈을 모두 저축한 줄 아시지만, 실제로 나는 그 돈을 모두 술과 약에 탕진했다. 시간이 흘러 대학을 졸업하고 부모님 집에서 나오게 되었을 때, 부모님은 재정 관리에 대한 기본적인 규칙을 모두 가르쳐주었다. 하지만 처음 신용카드를 갖게 된 이후 나는 줄곧 빚을 지고 살았으며 이 사실 역시 부모님께는 말한 적이 없다.

내가 열 살일 때부터 금주를 했던 아빠는 내가 사람들과 어울릴 때만 술을 마시는 줄 알고 있었다. 그렇기에 나 혼자서도 술을 마신다는 사실, 일단 술을 입에 댔다 하면 정신을 잃을 때까지 마신다는 사실 역시 아빠에겐 비밀이었다. 가족들은 내가 잘 챙겨 먹고 하이킹도 자주 하는 줄 알지만, 운전할 때 얼마나 많이 초콜릿을 먹는지, 집에 혼자 있을 때 얼마나 자주 피자를 주문하는지 전혀 모르고 있었다.

단지 가족에게만 거짓말을 하고 있는 게 아니었다. 이 모든 것이 내 신체적, 정신적 건강에 어떤 영향을 주고 있는지에 대해 나 자신에게도 거짓말을 하고 있었다. 신용카드 사용액이 많아진다는 것은 그만큼 내가 밤에 잠을 자지 않는다는 뜻으로 해석할 수 있었다. 술을 더 마실수록 자신에 대한 감정은 더 나빠졌다. 많이 먹을수록 당연히 체중은 더 늘어갔고, 이 또한 나 자신에 대한 감정에 어떤 식으로든 영향을 끼쳤다. 그리고 나에게 이런 일이 일어나고 있다는 사실을 외면하면 할수록 상황은 점점 더 나빠졌다.

몇 달 동안 신용카드 고지서를 무시하고 살다가 2011년 5월, 드디어 나는 카드값을 내 눈으로 확인하였고, 한도액인 30,000달러(3,900만 원)에 달하는 빚을 지고 있음을 알게 되었다. 더욱 최악인 건 내 당좌예금엔 겨우 100달러(13만 원)가 남아 있었고 다른 신용카드 한도도 100달러밖에 남지 않은 상황인데, 이 돈으로 다음 급료를 받을 때까지

6주 동안 생활을 해야 한다는 점이었다. 그 당시 나는 역대 최고 몸무게를 찍고 있었다(170cm에 95kg이면 비만으로 간주된다). 게다가 스물다섯이던 나는 전 세계를 돌아다니며 일하겠다고 마음먹은 지 겨우 8주 만에 저축한 돈을 모두 술로 날려버리고 부모님 댁 지하실로 막 이사를 들어온 참이었다.

스물다섯, 쇼핑으로 4,000만 원 빚을 지다

나는 빚 자체의 무게에 짓눌리고 있었다. 재정적으로 건강한 미래를 꿈꿀 기회조차 영영 잃어버린 것 같은 느낌에 몇 주 동안 울면서 잠이 들었다. 부모님이 느꼈을 실망감을 회복시키지 못할까봐 걱정됐고, 내 동생들에게 롤모델이 되는 데에 실패했다는 생각에 상심도 컸다.

하지만 내가 흘린 눈물의 일부는 새로운 다짐을 위한 것이기도 했다. 나는 스스로 바뀌어야 한다는 걸 알고 있었다. 전에도 금주를 시도한 적은 있었지만 2~3주 넘게 간 적이 없었다. 그 어느 때보다 체중계를 자주 오르내렸지만, 최고치는 계속 경신되었다. 알고 보니 나도 모든 걸 알지는 못한다는 게 드러났다. 물론 아는 것도 있긴 했지만 이런 상황에 빠지는 걸 막을 정도는 아니었던 모양이다. 나는 이미 바닥에 다다랐고, 더 깊이 들어가면 뭐가 있을지 알고 싶진 않았다. 항상 '언젠가' 때가 되면 이 상황을 역전시키겠다고 말해왔는데, 그 '언젠가'가 마침내 찾아온 것이다.

이후 2년 동안 나는 모든 빚을 갚고, 내 건강을 챙겼으며, 토론토로, 그리고 밴쿠버로 이사를 했고, (두세 번의 시도 끝에) 영원히 금주를 하게 되었다. 나는 내가 이끌어내고 있는 모든 변화를 블로그에 기록했고, 업데이트를 할 때마다 독자는 점점 늘어났다. 그 어떤 것도 쉬웠던 적은 없었다. 모든 전문가의 조언을 잘 따랐다고도 말할 수도 없다. 나는 그저 내게 효과가 있던 일을 했을 뿐이다. 그리고 책임져야 할 사람들이 있어서 감사할 따름이었다.

그 2년이 지난 후, 나는 훨씬 더 행복하고 건강한 삶을 살도록 새로운 설정을 해야만 했다. 나는 힘든 일을 해냈고 마음만 먹으면 무엇이든 헤쳐나갈 수 있음을 증명했기 때문이다. 하지만 그 대신 나는 예전 방식으로 곧장 되돌아가버리고 말았다.

술을 다시 마시진 않았지만 가진 돈을 족족 다 쓰기 시작했다. 처음엔 아무 문제도 없어 보였다. 여기서 5달러 6,500원, 저기서 10달러 13,000원를 추가로 소비했다. 한두 가지 물건을 사러 가게에 들어갔다가 다섯 개를 사 들고 나왔다. 하지만 필요할 때마다 새 책을 사는 비용과 브런치를 먹으러 가서 쓰는 비용을 스스로 정당화하기 시작하자 지출은 빠르게 늘어갔다. 급기야 고향집에 더 자주 찾아갔고, 거기서 친구들과 주말여행도 자주 다녔다.

즐거웠다는 건 부정하지 않겠다. 2년간 극도로 빠듯한 생활을 한 탓에 다시 어느 정도의 자유와 유연성을 맛보니 기분이 좋았다. 나는 더 즉흥적으로 변했고 급기야 이 상황에 재미를 느낄 수 있게 되었다. 다만 내 기분을 씁쓸하게 만드는 건 이대론 절대 내 목표 저축액을 채우지 못할 거라는 점, 그럼 독자들에게 그 이유를 설명해야 한다는 것이었다.

빚을 갚는 중에는 습관처럼 매달 초 잠정 예산을 공유하고 월말에는 최종 수치를 포스팅했다. 2년 동안 몇몇 달에는 수입의 55%를 채무 상환에 들이부었던 때도 있었다. 다소 공격적인 방법이었지만 카드 사용액을 0달러로 낮추기 위해서라면 난 뭐든 할 수 있었다. 그리고 마침내 그날이 오자 더 자유롭고 가벼워진 느낌이 들었다. 마치 온 세상이 나를 위해 새로운 문을 열어준 것 같은 기분마저 들었다. 그리하여 태어나서 처음으로, 은퇴 후를 위해 수입의 20%를 저축하는 것처럼 진정한 저축 목표를 설정할 수 있게 되었다.

할 수 있었다, 할 수 있어야만 했다. 하지만 그건 내 기대보다 훨씬 더 어려웠다. '더 자유로워졌다'고 여겼던 첫해 동안에는 계속해서 월말에 최종 수치를 포스팅했다. 10%라도 저축을 했다고 보고할 수 있으면 다행이었다.

물론 쇼핑 금지령을 내릴 생각은 미처 하지 못했다. 나는 그저 12개월 연속 한 달에 한 번, 매달 마지막 날마다 블로그에 저축액을 기록했다. 매번 업데이트하면서도 왜 돈을 거의 모으지 못했는지 정당화해야 했으며, 그럴 때마다 더 잘할 수 있을 거라고 혼잣말했다. 나는 더 저축할 수 있었고 스스로도 그걸 알고 있었다. 어디에서부터 변화를 시작해야 할지 확신이 없었을 뿐이었다. 그러다 온 가족이 식탁에 둘러앉아 평소처럼 돈과 관련된 불평을 하던 중, 마침내 내게 깨달음의 순간이 찾아왔다.

수입의 90%를 지출해야만 할까?

힘들게 번 수백 달러를 불필요해 보이는 일에 쓴 여동생 앨리에게 가족들은 잔소리를 했고, 앨리는 마치 나더러 들으라는 듯 반박했다.

"난 내 수입의 20%를 저축해. 그러니 나머지 돈은 내가 원하는 곳 어디에든 쓸 수 있어."

앨리는 아직 스무 살에 불과했고 대학에 다니면서도 파트타임 아르바이트를 하고 있었다. 그런데 나보다 먼저 비밀을 알아낸 것이다. 일단 저축부터 하고, 나머지를 쓰는 것! 하지만 언니로서 나는 더 깊이 파고들 필요성을 느꼈다.

"하지만 넌 집에서 지내잖아. 정말로 수입의 80%나 필요해? 더 적은 돈으론 살 수 없어?"

이 말이 내 입 밖으로 나오는 순간 내가 얼마나 위선적으로 보일까 싶었다. 그리하여 나의 계획이 실행에 옮겨지기 시작했다.

가족과 이런 대화를 나눈 건 휘슬러 여행 일주일 전 일이었다. 나는 이후 7일 동안 내 경제 상황을 파악하고, 스스로에게 몇 가지 심각한 질문을 던졌다. 수입의 10%밖에 저축을 못 했다면 나머지 돈은 다 어디로 간 걸까? 나는 왜 계속해서 내 소비에 대해 변명하고 있는 걸까? 정말로 수입의 90%가 필요한가? 아니면 더 적은 돈으로도 살 수 있을까? 사실 12개월 동안 월말마다 비슷한 질문을 던져왔지만 아직도 그 해답을 알지 못했다. 내가 아는 건 집에서든, 직장에서든, 인생 전반에 있어서든 겉보기엔 내가 원하는 모든 걸 갖추고 있는 것 같지만, 한 번도 그게 충분하다고 느낀 적이 없었다는 사실이었다. 나는 결코 만족한 적이 없었다. 항상 더 많이 원했다. 하지만 넘치는 것에서 만족을 하지 못한다면 반대로 덜어내는 것을 추구해야 하지 않을까? 이제 그런 도전을 할 때가 온 것이 아닐까?

휘슬러에서 주말을 보내고 돌아온 나는 앉아서 계획을 세우기 시작했다. 쇼핑 금지령의 규칙은 꽤나 단순해 보였다. 앞으로 1년간 옷, 신발, 액세서리, 책, 잡지, 전자제품 등 집 안에 둘 물건은 아무것도 새로 구입할 수 없었다. 다만 식료품, 욕실용품, 차에 넣을 휘발유처럼 소모품만 살 수 있었다. '승인된 쇼핑 목록'에 올려놓은 것도 구매할 수 있었다. 이는 가까운 미래를 내다보았을 때 곧 필요할 물건들 몇 가지였다. 고장 나거나 낡은 것도 꼭 필요하다면 새것으로 교체할 수 있었지만, 그때는 원래 물건은 꼭 없애는 게 원칙이었다. 가끔씩 음식점에 가는 것도 가능했다. 하지만 테이크아웃 커피를 사는 건 금지였다. 커피를 사 마시는 건 나의 가장 큰 악습이었고, 이제 더 이상 맘 편히 매달 100달러^{13만 원} 이상을 커피에 쓸 수가 없었다.

새로운 것은 사지 않겠다고 다짐하는 동시에 오래된 것들 중 사용하지 않는 것도 없애버리기로 마음먹었다. 집 안 내부 어느 곳으로 눈을 돌려도 이미 내게 필요한 것 이상을 가지고 있었고, 그것들에 고마움을 느끼지도 않았다. 난 이미 소유하고 있는 것부터 제대로 쓰길 원했다. 내가 이미 갖고 있는 물건에 나름의 용도가 있다고 느끼길 원했다. 앞으로 우리 집 현관문을 통해 들어오게 될 모든 것도 각자 용도가 있기를 바랐다. 용도를 찾을 수 없으면 눈앞에서 사라져야 했다.

블로그에 '게시하기' 버튼을 눌러 독자들에게 내 계획을 알리기 전, 난 다음과 같은 문장을 하나 추가했다.

"나는 빚을 갚고, 내 게으름에 대한 변명을 멈추고, 취미 중 하나인 술을 끊기 위해 큰 결심을 했다. 하지만 나는 아직 내가 원하는, 의식 있는 소비자가 되지 못했다."

충동 구매를 하고 나서야 내가 마케팅 전략이나 세일 표지판에 속았다는 사실을 깨닫는 일을 관두고 싶었다. 필요한 줄 알고 샀지만 집에 와 보니 이미 잔뜩 가지고 있는 물건에 돈 낭비 하는 걸 멈추고 싶었다. 그리고 스스로를 설득해서 뭔가를 사놓고는 절대 사용하지 않는 짓을 진정 그만두고 싶었다.

필요한 게 있을 때만 그 필요한 걸 파는 곳에 가고 싶었다. 그래서 결국에 내 돈이 어디로 흘러가는지 확인하고, 내 목표와 가치관에 부합하는 방식으로 예산을 세우고 싶었다. 그리고 정말 지출을 줄이고 저축을 더 많이 하길 원했다. 하지만 무분별한 지출을 계속한다면 이런 바람은 이루어질 수가 없었다.

스물아홉 생일, 쇼핑 금지령을 내리다

바로 다음 날 아침 2014년 7월 7일부터 나는 이 챌린지를 시작하기로 했다. 그날은 내 스물아홉 번째 생일로, 30대를 향해 첫 여정을 시작하는 날이었다. 불필요한 쇼핑 금지를 통해 물건을 구매하는 '덜어내는 한 해' 동안 내가 배운 것들을 블로그에 계속 업데이트해서 공유하기로 했다. 결국 지출과 돈에 관한 내용이었다.

이 이야기는 바로 거기에서 시작되었다. 다만 그해에는 공유하기 꺼려지는 일들도 참 많이 있었다. 갑자기 상황이 급변하면서 나 혼자 덩그러니 남은 것처럼 느껴지게 만드는 일도 있었고, 몇 주 동안 침대에서만 지내며 그동안 했던 모든 긍정적인 변화를 다 포기해버릴까 생각하게 만든 일도 있었다. 추구하는 게 적어진 만큼 더 단순한 해가 될 줄 알았던 기간 동안, 내가 사랑하고 의지했던 모든 것을 빼앗겨버렸다. 그래서 다시 처음부터 시작하여 스스로 새로운 삶을 꾸릴 수밖에 없었다.

사실 이런 일을 겪으면서도 블로그에는 있는 그대로 공유하지 않았다. 만약 공유했더라도 독자들은 나를 지지해주었을 거라 믿지만, 내가 너무 피폐해진 상태라 내 상황을 글로 옮길 수가 없었다. 글을 올리려고 시도할 때마다 결국 무너져내려 초안을 삭제하곤 했다. 그래서 그때는 하지 못했던 이야기를 지금 모두 나눠보려 한다. 바로 여기, 이 책에서, 여러분과 함께 말이다.

앞으로 나의 '덜어내는 해'를 시간 순서대로 여러분과 같이 되돌려보려 한다. 그 과정에서 몇 년 전, 수십 년 전 겪은 일들도 함께 얘기할 것이다. 그래야 여러분도 전체적인 그림을 그릴 수 있고, 덜어내는 해가 왜 그렇게 중요했는지도 이해하게 될 것이다.

1년 동안 쇼핑 금지는 내게 도전이었다.
그 시간은 내 인생을 완전히 뒤집어놓았다.
그리고 그 후, 나를 구원해주었다.

목차

추천사

들어가는 글 나는 앞으로 1년간 쇼핑을 금지하기로 했다

- PART 01 7월: 상황 파악하기
- PART 02 8월: 기본 생활 습관 바꾸기
- PART 03 9월: 쇼핑을 통한 기분 전환과 작별하기
- PART 04 10월: 성장하기 그리고 멀어지기
- PART 05 11월: 의식을 잃었다가 되찾기
- PART 06 12월: 새로운 전통 만들기
- PART 07 1월: 규칙 다시 쓰기
- PART 08 2월: 미래를 놓아주기
- PART 09 3월: 기운 내기
- PART 10 4월: 탈출 계획하기
- PART 11 5월: 색다른 곳에서 나 자신을 찾아보기
- PART 12 6월: 짐 챙겨 옮기기

에필로그 사는(buy) 대신 사는(live) 법을 배우다
- 쇼핑 대신 덜어내는 삶을 위한 가이드
- 참고 자료
- 커뮤니티
- 독서 모임 가이드
- 감사의 말

1년 동안 쇼핑 금지령을 위한 규칙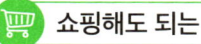

🛒 쇼핑해도 되는 것

- ✓ 식료품과 기본적인 주방용품
- ✓ 화장품과 욕실용품 (다 썼을 때만)
- ✓ 청소용품
- ✓ 다른 사람을 위한 선물
- ✓ 승인된 쇼핑 목록에 있는 아이템

🛒 쇼핑해서는 안 되는 것

- ✓ 테이크아웃 커피
- ✓ 옷, 신발, 액세서리
- ✓ 책, 잡지, 공책
- ✓ 생활용품 (양초, 장식품, 가구 등)
- ✓ 전자제품

🛍️ 승인된 쇼핑 목록

✓ 결혼식 참석용 옷 (원피스와 신발 한 켤레)
✓ 스웨트셔츠 (딱 하나 가지고 있는데 구멍이 너무 많이 남)
✓ 운동용 바지 (마지막 한 벌로 버티는 중)
✓ 부츠 (가을/겨울용 적당한 게 없음)
✓ 침대 (13년 된 침대라 교체가 절실히 요구됨)
✓ 교체해야 할 것은 무엇이든 살 수 있지만, 원래 물건은 버리거나 기부할 것

그리고 블로그를 책임지고 유지할 것

PART 01

7월:
상황 파악하기

> **금주**: 18개월째
> **저축 비율**: 20%
> **이 프로젝트를 완수할 수 있을 거라는 자신감**: 100%
> (하지만 내가 뭘 하기로 했는지 나도 아직 모르는 상태)

난 원래부터 심한 깔끔쟁이였다. 어렸을 때도 부모님으로부터 방 청소를 하라는 잔소리를 들을 일이 없었다. 내 물건은 모두 제자리가 있거나, 서랍이나 상자에 들어 있었고, 모두 일렬로 줄 서 있었다. 옷장 안의 옷도 종류에 따라 구분해서 걸었다. 민소매, 반팔 셔츠, 긴팔 셔츠가 맨 앞에, 그 뒤로 바지, 치마, 원피스 순이었다. 심지어 책꽂이의 책도 크기에 따라, 그다음엔 책등 색깔에 따라 정리했다.

초등학교 시절 책상 안쪽의 모습도 크게 다르지 않았다. 오른쪽엔 파일을 무지개색 순으로 쌓았다. 맨 위에는 빨간색, 맨 아래에는 분홍색, 그 사이에 주황, 노랑, 초록, 파랑, 보라색을 놓았다. 책상 왼쪽에는 맨 위에 필통, 그 밑에 사전, 그 밑에 수학 교과서가 있었다. 플라스틱 필통 안에는 한쪽 구석엔 지우개, 다른 구석엔 수정테이프를 넣고 나머지 볼펜과 연필을 일렬로 줄 세웠다. 24색 색연필도 언제나 색깔 순서대로 보관해야 직성이 풀리는 수준이었다.

선생님이 책상 정리 시간을 주면, 난 가만히 앉아서 친구들이 고통받는 모습을 지켜보았다. 구겨진 공책, 샌드위치를 담았던 지퍼백, 도서관에서 빌려왔다가 까먹은 책이 바닥으로 우르르 떨어졌다. 푹푹 한숨을 쉬며 끙끙대는 소리가 사방에서 터져 나왔다. 아이들은 책상 안에 있던 물건들을 다 끄집어내고 나서야, 이것들을 또 어딘가에 보관해야 한다는 사실을 깨닫곤 했다. 바로 이런 순간에 나는 친구들이 내게 도움을 요청하길 남몰래 기대했다. 물론 실제로는 엄청나게 돕고 싶어 하는 티가 났을 거라 확신한다.

나는 '내 것'이라고 부를 수 있는 모든 곳에 이 정도 수준의 깔끔함을 유지해왔다. 내가 쓰는 사물함, 내가 모는 차, 내가 사는 아파트, 내가 포장해서 보관하는 상자, 매일 기본적으로 가지고 다니는 지갑과 가방까지 말이다. 내가 가진 물건 안쪽을 들여다보면 언제나 체계적으로 정리가 되어 있었을 것이다. 지금은 그렇지 않지만.

2014년 봄부터 나는 뭔가를 잃어버리기 시작했다. 처음으로 없어진 건 초록색 민소매 티셔츠였다. 내가 가진 민소매 중에 초록색은 단 하나뿐이었으며 늘 3단 서랍장 두 번째 칸 오른쪽에 놓여 있었다. 그러던 어느 날 아침 서랍을 열었다가 놀랍게도 초록 민소매가 없어진 걸 확인했다. 같은 서랍 안에 있는 다른 민소매와 티셔츠 더미를 다 뒤지고, 그것도 모자라 다른 서랍 두 개까지 모조리 파헤쳤다. 그럼에도 없었다. 옷장 안에도, 빨래 바구니 안에도, 심지어 세탁기나 건조기 안에도 없었다. 그렇게 홀라당 사라져서 다시는 나타나지 않았다. 늘 내 양말을 훔쳐가던 양말 괴물이 집어삼키기라도 한 건지.

그 이후로 필요한 걸 찾을 때마다 족족 찾지 못하는 일이 일어났던 것 같다. 여분의 치약. 맹세코 세면대 아래 세면용품 보관함에 넣어두었는데 어디로 간 걸까? 분홍색 수영복. 마음에 들진 않았지만 검은색이 거의 수명을 다한 것 같아 보관해두었는데… 그리고 깡통 따개. 부엌용품 서랍은 하나고 그 안에 깡통 따개도 딱 하나인데, 도대체 왜 안에 없는 건지?

그렇게 진짜로 필요한 물건을 찾는 동안 눈에 들어온 건 필요하지도 않으면서 가지고 있는 것들이었다. 이제 거의 14kg이 빠져서 너무 커져버린 검은색 민소매 티셔츠 다섯 장. 쓰던 걸 다 비우지도 않았는데 끊임없이 쟁여놓은 로션과 샤워젤. 캐나다에서 가장 온화한 기후로 알려진 브리티시컬럼비아 주의 포트무디에 사느라 거의 입을 일이 없는 여름옷과 겨울옷. 오랫동안 빚을 지고 있으면서도 신용카드 두 장 중 하나로 열심히 사 모은 수많은 물건들. 그렇게 사 모으고는 결국엔 쓰지도 않았다. 심지어 가격표를 달고 있는 물건들도 있었다.

빚과 잡동사니의 공통점 한 가지는 일단 쌓이기 시작하면 해결할 방법을 찾기가 점점 더 어려워진다는 점이다. 난 몇 달째 쌓인 빚을 무시하면서 신용카드 명세서 귀퉁이만 살짝 열어 최소 결제금액 납부 기한만 확인했다. 나의 이런 눈속임은 너무나 오래 지속되었고, 결국 카드사용 총액을 확인하고 남은 카드 한도까지 100달러_{13만 원}도 남지 않았다는 걸 깨닫고서야 끝이 났다. 계산은 간단했다. 나 스스로를 너무 깊은 구덩이에 파묻었던 것이다. 고생고생해서 구덩이를 빠져나오는 것 말고는 다른 방법이 없었다.

　잡동사니 상황은 빚 문제만큼 극적이진 않았다. 아파트에 들어서면 늘 정리된 모습 그대로였다. 수건은 늘 깔끔하게 접혀 있었고, 옷도 평소 순서에 맞게 걸려 있었으며, 신발도 짝 맞춰 놓여 있었다. 책도 여전히 체계적으로 꽂혀 있었다. 다만 이젠 소설, 회고록, 사업, 재무 등 장르별로 구분을 한 뒤 크기별로(때로는 아직도 색깔별로) 구분했다. 역시나 문제는 대부분의 물건을 내가 사용하지 않는다는 점이었다. 지나다니면서 내가 쓰지 않는 물건들을 볼 때마다 매번 신경이 쓰였다.

2013년에만 나는 무려 다섯 번 이사를 하면서 이 문제를 처음 고민하게 되었다. 옷장 안에서 상자들을 꺼내고, 그걸 트럭으로 옮기고, 새로운 집까지 차를 타고 간 후, 다시 상자를 집 안에 옮기고, 새 옷장에 그대로 넣었다. 그러는 동안 상자 안에 뭐가 들었는지 제대로 본 적도 없었다. 나는 여러 불행한 이유로 이 짓을 다섯 번 반복했다. 한 번은 교통사고 후 회복하느라 집에서 지내는데 내가 사는 1층 아파트에 누군가 침입하려는 시도가 있었다. 더 이상 안전하지 않다는 생각에 나는 이사할 수밖에 없었다. 또 한 번은 오랜 친구이자 새로운 룸메이트 때문이었다. 함께 새집으로 이사한 지 5일 만에 그가 새로운 도시로 옮기길 원했던 것이다. 정말 힘든 한 해였다.

　2013년 9월을 마지막으로 포트무디에 있는 이 아파트로 이사를 왔다. 예전에 두 번 와보기만 했던 곳이었지만 난 금방 이곳과 사랑에 빠졌다. 밴쿠버 시내에서 멀리 떨어져 있어서 작은 마을 같은 느낌이 들어도, 작은 만을 끼고 있어서 바다가 늘 가까이에 있었다. 내 책상은 나무와 산이 내려다보이는 통창 앞에 놓여 있었다. 친구들은 나더러 영화 〈트와일라잇〉 속에 살고 있는 것 아니냐고 감탄했고 실제로도 크게 다르지 않았다. 왜냐하면 이 영화 시리즈 대부분을 브리티시컬럼비아 주에서 찍었고 심지어 포트무디에서 촬영한 것도 몇 장면 있었기 때문이다.

금융 스타트업 회사에서 풀타임 편집자로 원격 근무를 하는 나로서는 이 아파트와 이 경치, 그리고 이 인생만 보면 어느 정도 꿈이 실현된 것처럼 보였다. 하지만 집에서 오랜 시간 일을 하는 데는 한계가 있고 결국 주변을 둘러싸고 있는 것, 바로 당신의 물건들에 신경이 쓰이기 마련이다. 심지어 나의 아파트는 깔끔하게 정리가 되어 있는데도 먼지만 쌓여가는 짐들이 여전히 너무나 많다고 느껴졌다.

잡동사니를 처리하기로 결심한 스토리를 더 재미있게 혹은 더 의미 있게 혹은 드라마틱하게 설명해줄 수 있다면 좋겠지만, 그건 거짓말일 것이다. 실제로는 '이것들을 없애버려야 해'라는 생각을 수도 없이 하다가 나온 결정이었다. 이는 '신용카드 사용을 멈춰야 해' 또는 '정크푸드 폭식을 참아야 해' 또는 '과음을 그만둬야 해'라고 생각했던 것과 같은 방식이었다. 그리고 '언젠가'는 꼭 그렇게 할 거라고 늘 스스로 변명했다.

결국 그 언젠가는 항상 찾아왔다. 2011년 어느 날, 내 신용카드 한도가 초과되었다. 2011년 같은 날, 이제 조금만 더 찌면 플러스사이즈 구역에서 쇼핑해야 할 상태가 되었다. 2012년 어느 날, 또 의식을 잃고 쓰러졌다가 힘들게 깨어났다. 이 모든 상황을 겪으면서도 나는 나쁜 행동을 계속 이어갈 방법을 찾아낼 수도 있었을 것이다. 신용카드 회사에 전화해 한도를 더 높여달라고 부탁할 수도 있었고, 과음과 과식을 계속하며 내 몸과 정신에 끼치는 영향을 무시해버릴 수도 있었다. 하지만 어느 날, 나는 이 정도면 충분하다는 걸 깨달았다. 이 나쁜 습관이 오래도록 지속될 수 있도록 나 스스로에게 해오던 변명이 드디어 그 끝을 맞이했다. 나는 그만하기로 했다.

그리고 2014년 7월 어느 날, 역시나 나는 그만두기로 했다. 실제로 필요한 걸 찾으려고 필요도 없는 것들을 모두 뒤지는 짓을 그만두기로 했다.

나를 궁지에 몰아넣고 결국엔 정리를 하도록 만든 건

무엇보다 깡통따개였다. 나는 샐러드에 검은콩을 추가하고 싶었고, 그러려면 깡통따개가 꼭 필요했다. 문제는 도저히 그걸 찾을 수가 없었다. 난 부엌의 모든 서랍과 찬장을 다 뒤졌다. 싱크대와 식기세척기 안도 살펴보았다. 혹시나 마지막으로 캔을 따다가 실수로 재활용 쓰레기통에 떨어뜨렸을까봐 그 안까지 확인했다. 하지만 아무리 뒤져도 없었다.

그때가 7월 첫째 주였고 그레이터 밴쿠버^{밴쿠버 시 일대 광역 행정 구역}는 한창 더울 때였다. 기온이 34도를 웃돌고 습도 때문에 체감온도는 40도가 넘었다. 나는 에어컨 없는 시멘트 빌딩의 22층에 살고 있어서 상황은 더 심각했다. 너무 더웠다. 너무 배고팠고, 너무 답답했다. 내가 원하는 건 그저 바보 같은 검은콩 샐러드뿐인데 그걸 먹을 수가 없다니. 내게는 토핑 없는 샐러드와 샐러드를 찍어 먹을 포크 스물한 개가 남아 있었다.

'언젠가'는 드디어 찾아왔고, 나는 주방 도구 서랍 안에 있는, 아니 내 아파트 모든 서랍 안에 있는 필요 없는 것들을 다 갖다버릴 준비가 되어 있었다. 그리고 빚을 줄이기로, 더 잘 먹기로, 더 많이 운동하기로, 심지어 (마침내)

술을 끊기로 다짐했을 때와 마찬가지로, 나는 나침반도 없이 일단 기세 좋게 뛰어들었다. 단순하게 덤벼들었다.

그날 나는 내 아파트에 있는 모든 옷장, 찬장, 서랍 안의 물건을 싹 꺼내서 바닥에 쌓아 놓았다. 그때는 곤도 마리에의 《인생이 빛나는 정리의 마법》이라는 책이 북미에서 히트 치기 몇 달 전의 일이었지만, 그 방법은 근본적으로 같았다. 내가 살던 깔끔하고 정돈된 집은 더 이상 존재하지 않았다. 나는 알아보지도 못할 잡동사니 안에 둘러싸여 있었지만 놀랍게도 전부 다 내 물건이었다. 그것들을 보고 있자니 내가 저지른 짓에 스스로 압도당했다. '내가 무슨 짓을 한 거지?' 하지만 그 정도 규모의 엉망진창 앞에서는 치우는 것 말고 다른 방법이 없었다. 이제 일을 시작할 때가 된 것이다.

일단 침실부터 시작하기로 했다. 특히 옷장. 여기가 가장 시작하기 쉬운 방인 것 같았다. 내가 아는 여성 대부분은 옷과 액세서리를 좋아하는 듯했지만 나는 그런 사람이 아니었다. 한 번도 옷을 좋아했던 적이 없었다.

10대 때부터 난 항상 교복을 입었다. 사립학교처럼 딱 정해진 교복이 있는 건 아니었지만 대략적인 스타일이 정해져 있었고, 그 스타일은 매년 조금씩 달라졌다. 8학년 때 난 여전히 톰보이 단계를 지나고 있었기에 농구 셔츠에 찢어진 바지를 입고 살았다. 9학년 때는 농구 셔츠가 후드 티셔츠로, 찢어진 바지가 청바지로 바뀌었다. 10학년 때는 조금 더 '소녀다운' 옷을 시도했는데 나로서는 가장 어색한 해였던 것 같다. 그 스타일엔 분홍색 옷이 많이 포함되어 있었는데 분홍색을 입으면 내 얼굴이 더 벌겋게 보였기 때문이다.

고등학교 마지막 해엔 조개껍데기로 만든 목걸이를 한 서퍼 걸로 변신했다. 또 '록시'라고 이름을 붙여준 1991년형 흰색 현대 엑셀 자동차가 집 앞 진입로에 자리 잡고 있었다. 나는 파란색 곱슬머리를 하고, 프랑스어로 '섬 소녀'를 뜻하는 단어를 어깨에 문신으로 새겨 전체적인 스타일을 완성한 후 2007년 대학을 졸업할 때까지 이 스타일을 유지했다. 열아홉 살이 되는 기쁨이랄까. 처음 일을 시작하고 5년 동안 정부 기관에 다닐 때는 검은 바지, 검은 스웨터, 검은 울 피코트, 검은 플랫슈즈만 신고 살았다.

오랜 시간에 걸쳐 수차례 스타일이 바뀌는 동안에도 한 가지 사실은 변함이 없었다. 바로 어느 순간에도 내가 진짜로 좋아하는 옷 세 벌 중에 하나를 입고 있었을 거라는 사실이다. 옷장 안에 있던 옷을 모두 바닥에 꺼내놓고 보니 청바지나 카키 팬츠, 헐렁한 티셔츠나 스웨터 종류가 전부였다. 심지어 격일로 헬스장에 갈 때는 매번 같은 티셔츠와 7부 바지만 입었다. 모두 통틀어 (양말과 속옷은 제외하고) 스무 가지 아이템으로만 돌려 입고 있었던 것이다. 물론 나도 알고 있었다. 날이면 날마다 같은 옷만 입는다는 걸 나도 알았다. 하지만 옷장과 서랍을 싹 비우고 바닥에 쌓여 있는 옷더미를 보기 전까지는 그게 체감이 되지 않았다.

몇몇 특정한 스웨터에만 어울리는 민소매 티셔츠들이 있었다. 잘 안 맞거나 몸을 충분히 가려주지 못하는 스웨터들도 있었다. 14kg을 뺐음에도 여전히 맞지 않지만, 한때 내 체형에 딱 맞아서 좋아했던 원피스들도 있었다. 혹시나 다시 살이 찔 때를 대비해서 보관해둬야겠다고 생각했던 '뚱뚱이' 시절 옷도 여럿 있었다. 그냥 세일 중이라 샀던 아이템도 셀 수 없이 많았다. 그리고 내가 정부 기관용 의상이라고 불렀던 것들도 남아 있었다. 검은 바지, 검은 스웨터, 너무 커서 입고 있으면 그 안에서 수영이라도 하고 있는 듯한 느낌이 드는 피코트까지. 모두 내 것이었지만 도통 입지를 않아서 있는 줄도 몰랐던 것이었다.

난 거의 모든 걸 없애버렸다. 단 하나의 옷도 망설이거나 의심하지 않았다. 지난 두세 달 동안 한 번도 입지 않은 거면 그냥 버려야 했다. 몸에 잘 맞지 않으면, 버려야 했다. 꽉 끼는 옷도 틀림없이 버려야 했다. 왜냐하면 그걸 가지고 있다고 해서 살을 더 빼야겠다는 동기 부여가 생기지 않았기 때문이다. 오히려 작은 옷은 나의 기를 죽였다. 그리고 지금까지 나의 고생을 인정해주면서 지금의 새로운 몸을 즐기는 걸 방해했다. 언젠가 살을 더 빼게 된다면 그때 가서 새로운 몸에 구석구석 잘 맞는 새로운 옷을 사리라 다짐했다. 그러므로 꽉 끼는 옷은 버려야 마땅했다. 그리고 다시는 직장인의 세계로 돌아가지 않을 것을 알기에, 정부 기관용 옷도 버려야 했다. 까만 쓰레기봉투 네 개에 옷과 재킷, 신발, 가방, 스카프를 채워 기부를 했다. 모양이 망가진 건 쓰레기통 행이었다. 옷장 안 옷걸이에 열두 벌 정도를 걸고, 3단 서랍장을 반쯤 채우니 남은 옷이 모두 정리되었다. 많지 않지만 모두 내가 진짜로 입는 옷들이었다.

이때쯤부터 내가 얼마나 많은 물건을 버리고 있는지 기록하기로 결심했다. 이미 채무 상환, 운동, 체중 감량, 금주 개월 수는 기록하고 있었던 터라 새로운 기록이 추가된 것이다. 처음엔 내 궁금증을 해결해주는 것 외에는 딱히 도움이 되지 않았다. 하지만 내 옷장 안 아이템의 55%가 빠져나가는 걸 보고 나니, 이 규모가 어마어마해질 거라는 것도 알 수 있었고 앞으로도 그 수치를 확인해보고 싶어졌다.

다음으로 건드릴 공간은 서재였다. 이곳은 거실이기도 하고 엄밀히 따지면 식당이자 부엌이기도 했다. 우리 집은 오픈 콘셉트 아파트로 들어오면 모든 공간이 한눈에 보이는 게 특징이었다. 그래서 그 공간의 찬장, 선반, 서랍의 물건들을 다 비우면 식당의 강화 마룻바닥 위에 모든 걸 쌓아놓을 수밖에 없었다. 식탁이나 의자는 하나도 없었다. 아파트에 혼자 사는 사람은 원래 소파에서 밥을 먹는 게 '국룰'이니까. 대신에 그 방에서는 지금까지 살아오면서 보았던 것 중 가장 숨 막히게 아름다운 일출을 볼 수 있었다. 그 방 한가운데에 거대한 잡동사니 더미가 생긴 것이다.

이 잡동사니는 손대기가 힘들어 보였다. 오히려 옷더미가 쉬워 보일 정도였으니까. 어쨌든 난 거실 안에서도 책장부터 시작하기로 했다. 내 책장에는 책만 있는 게 아니었다. 온갖 자잘한 물건들도 잔뜩 널려 있었다. 그것들은 대부분 오랜 시간에 걸쳐 가족과 친구들에게 선물 받은 것들이었고 내 손으로 직접 구매한 것도 몇 개 있었다. 언젠가 필요할 거라며 사진기와 사진첩 또는 종이와 잉크를 사던 때에도 당시에는 꼭 해결해야겠다고 다짐한 프로젝트가 있었을 것이다.

책 자체도 별반 다르지 않았다. 엄마는 내가 태어나기도 전부터 불러가는 배에 대고 큰 소리로 책을 읽어주었다. 게다가 엄마는 늘 내가 네 살 때부터 혼자 책을 읽기 시작했다고 주장하셨다. 다섯 살 때라면 증거가 있기 때문에 믿어줄 수가 있다. 다섯 살 때 나는 조그만 어린이용 책들을 분류해서 다른 아이들에게 책을 빌려줄 수 있는 도서관을 만들었다. 책에다 1부터 10까지 번호를 매기고, 공책에다 누가 뭘 빌려갔는지 기록했다. 내가 도서관을 맡고 있는 동안은 그 누구도 내 소중한 책을 잃어버리지 않았다.

작가 대부분이 그러하듯 내 앞엔 늘 책이 있었다. 10대 시절에는 아침에 눈을 뜨고 보니 침실 불이 켜져 있고 방바닥엔 책이 떨어져 있는 일이 숱하게 많았다. 9학년 때는 끔찍한 인후염 사건도 있었다. 따가운 목을 진정시키기 위해 오렌지 맛 아이스크림을 가지고 방에 왔다가 반쯤 남은 아이스크림을 둔 채 잠이 들었던 것이다. 정신을 차리고 보니 책은 주황색 액체로 흠뻑 젖었고 하얀 침대 시트에도 축구공 크기의 주황색 얼룩이 생겼다. 당연하게도 그 일이 있고 나서 얼마 안 가 내 침구류는 짙은 색으로 교체되었다.

나는 늘 책을 좋아했고 독서를 즐겼다. 하지만 나쁜 버릇도 있었으니 바로 내가 한 달 안에, 심지어 1년 안에 읽을 수 있는 것보다 훨씬 많은 책을 미리 사놓는 것이었다. 과거에 무심코 많은 돈을 허비한 방법 중 하나는 바로 책을 한 권씩 사는 대신 온라인으로 두 권씩 사는 짓이었다. 총 25달러 32,500원 이상을 주문하면 무료 배송을 받을 수 있었기 때문이다. 게다가 그 첫 번째 책 역시 대부분 충동적으로 구매한 것이었다. 온라인에서나 친구에게서 좋은 책 이야기를 들으면 난 곧장 서점 웹사이트에 들어갔고, 그냥 괜찮아 보이는 책까지 덩달아 장바구니에 추가해 불쾌한 배송비를 0달러로 낮췄다. 이런 행동을 적어도 한 달에 한 번, 거의 10년간 계속했다. 한 번 주문에 평균 26달러 33,800원를 썼으니 다 합치면 돈은 3,120달러 405만 원에 책은 240권이 된다. 아마 그중에 100권 정도를 읽은 것 같다.

  2013년 동안 했던 여러 차례의 이사 덕분에 좋았던 점 한 가지는 내가 읽지도 않은 책을 얼마나 많이 가지고 있었는지를 알게 된 것보다 내가 더 이상 독서를 할 생각이 없다는 걸 알게 되었다는 점이다. 일부는 더 이상 도움이 필요하지 않은 분야의 자기계발서였다. 또 일부는 꼭 읽어야 한다고 생각은 하지만 읽기만 하면 잠이 드는 고전문학이었다. 시작도 못 한 프로젝트에 관한 것들도 여전히 많았다. 나는 이사 중에 이것들 대부분을 없애버렸다.

아니, 없앴다고 생각했다.

  하지만 잡동사니 처리 과정 중 책을 다룰 때가 되어서 보니, 내게는 아직도 95권의 책이 있었다. 뭘 남기고 뭘 기부할지 결정하는 게 쉽지 않았지만, 나는 최대한 스스로에게 솔직하기로 다짐했다. **정말로** 내가 이 책을 언젠가 다시 읽을까? 대답이 '예스'라면 책꽂이에 다시 꽂았다. 대답이 '노'라면 가방에 담았다. 95차례 이런 결정 과정을 거치고 나니 이미 읽었지만 내가 좋아하는 책 8권, 아직 읽진 않았지만 언젠가는 읽을 생각인 책 54권이 남았다. 그리하여 나는 33권의 책(전체의 35%)을 포트무디 공립 도서관에 기증했다. 내가 읽지 않을 거라면 다른 사람이라도 읽어주길 바랐기 때문이다.

  사무용품 같은 것들은 처리가 쉬웠다. 꼭 필요한 것 이상은 가지고 있지 않았기 때문이다. 단 하나 예외가 있다면 펜. 무슨 이유에서인지 펜이 36개나 있었다. 펜이 36개나 필요한 사람은 없다. 나는 8개만 남기고, 물론 이것도 너무 많다 싶지만, 나머지는 교사인 친구에게 나눠주었다. 보관함 몇 개, 바인더, 오래된 공책 등을 포함해서 이 공간에 있던 사무용품 47%를 제거했다.

부엌 역시 놀랍게도, 어쩌면 그리 놀랍지 않게도 다시 간단하게 정리할 수 있었다. 부엌은 이미 상당히 미니멀한 상태였다. 다만 컵, 머그잔, 접시가 다소 많다는 느낌은 들었다. 다른 가전제품은 그대로 남겨두었지만 단 한 번도 사용한 적 없는 듯한 믹서기는 없애버렸다. 주스 때문에 섭취하게 되는 당이 어마어마하다는 걸 깨달은 후였기에 착즙기도 팔아버렸다. 천연당이고 아니고를 떠나서 내게는 착즙기가 필요하지 않았다. 요리책 절반은, 도서관에 기부하려고 모아둔 책 가방에 추가했다. 아무리 좋은 의도로 구입했던 거라 해도 좀처럼 쓸 일이 없었다. 그리고 식기 서랍 안에 보관해두었던 포크 숫자를 세본 후, 가지고 있던 포크의 25%를 없앴다.

  마지막으로 욕실 찬장을 열었다가 욕실용품으로 가득 차 있는 가방 세 개를 발견했다. 가방 안에 든 걸 세면대에 몽땅 쏟아부으니 밖으로 넘칠 정도로 많았다. 일단 쉬지 않고 사 모으던 로션과 샤워젤이 많았지만 자잘한 용품도 무척 많았다. 각종 호텔에서 집어온 샴푸와 컨디셔너, 내가 원해서 받은 건 아니지만 버리긴 아까워서 보관하고 있던 샘플, 본인은 마음에 안 들지만 너는 좋아할 것 같다며 가족과 친구들이 물려준 물건들. 역시나 전부 좋은 의도로 보관하고 있던 것들이었지만 대부분 손도 대지 않고 있었다. 항상 비슷한 스타일의 옷을 교복처럼 입고 다녔던 것과 마찬가지로 나의 뷰티 루틴 또한 늘 미니멀리스트에 가까웠다. 그리고 이 물건들은 그 루틴에 포함되지 않았다. 유통기한이 지났거나 반쯤 쓴 제품은 깨끗이 통을 비워버렸고, 여성 쉼터에 기부할 수 있는 것들은 따로 포장했다. 모두 합쳐 총 41%의 욕실용품을 버렸고, 남은 것은 가방 하나에 다 담아서 세면대 아래에 보관했다.

다른 모든 공간을 다 정리한 후, 마지막으로 처리해야 할 건 상자들이었다. 옷장 안에서 꺼내고, 트럭으로 옮기고, 새로운 집까지 차를 타고 간 후, 다시 집 안에 들여서 새 옷장에 그대로 넣었던 그 상자 말이다. 이걸 다섯 번이나 반복하면서도 안에 뭐가 들었는지 제대로 확인조차 한 적이 없었다.

첫 번째 상자에는 DVD 30개, CD 30개, 카세트테이프 한 개가 들어 있었다. 나는 큰 고민 없이 너무나 자연스럽게 61개 물건 중 57개를 기부 상자에 담았다. 어차피 재생할 장치가 하나도 없었고 쓸모도 없으니 버리는 게 맞았다. 나머지 4개는 기부하기로 마음먹기가 좀 힘들었다. 2개는 내가 어릴 때 제일 좋아했던 영화였고, 나머지 2개는 내가 처음으로 직접 구입했던 CD였기 때문이다. 언젠가 내 자녀들과 같이 영화를 보는 장면이 상상되기도 하고, 80대가 되어 다시 CD를 들으며 지금 들으니 얼마나 촌스러운지 모르겠다며 고개를 젓는 모습이 떠오르기도 했다. 하지만 세상은 이미 달라졌다. 이것들 모두 온라인으로 쉽게 찾을 수 있는 것들이었다. 이 영화와 노래를 잊지만 않는다면 꼭 다시 만날 수 있을 거란 믿음이 있었다. 그리하여 61개 품목 모두 없애기로 했다.

바로 그때, 나는 망설여졌다. 나는 벽에 기대어 놓여 있는 상자를 가만히 바라보았다. 다른 기부 물품 가방 옆에 나란히 서서 새로운 집을 찾아갈 준비를 하고 있는 상자. 나는 그 상자를 하염없이 바라보다가 다시 내 쪽으로 끌어당겨 안을 들여다보았다. 정말 다 없앨 수 있을까? 갑자기 아빠 목소리가 들리는 것 같았다. 부모님이 사주신 물건을 내가 잘 쓰지 않고 있으면 아빠는 늘 이런 식으로 흥분했다. "우리가 거기에 얼마나 큰돈을 쓴 줄 알아!" 죄책감을 자극하는 아빠의 그 말은 언제나 내 마음을 아프게 했다.

나는 금방이라도 내 물건으로 가득 찬 가방과 상자를 현관문 밖에 내놓을 준비를 하고 있었다. 이것들을 사느라 상당한 돈을 썼을 것이다. CD와 DVD는 결코 싸지 않았다. 특히나 최저임금을 겨우 넘는 돈을 벌고 있던 시절에 산 것들은 더더욱 그랬다. 그나마 마음이 놓이는 점은 그래도 이것들은 모두 사용했다는 점이었다. 책은 아예 손도 대지 않은 게 대부분이었다. 시작도 못 한 게 허다했다. 옷은 기껏해야 한 번 입은 게 다였다. 욕실용품도 보관만 해두다가 너무 늦게까지 잊고 살았다. 이걸 다 버리는 건 낭비였다. 낭비된 돈, 낭비된 꿈, 낭비된 기회. 내다버리는 걸 멈출 이유는 충분했다. 하지만 날이며 날마다 낭비된 돈, 꿈, 기회를 쳐다보고만 있는 게 더 고통스러웠다. 역시 모두 버려야 했다.

두 번째 상자 안에는 또 다른 상자들이 들어 있었다. 포장 상자 그대로인 비디오 게임 콘솔, 모뎀 두 개, 케이블 박스 하나, 그리고 전선과 케이블 열네 개. 대부분 한때 케이블 회사나 인터넷 회사, 친구들에게 받은 공짜 물건이었다. 비디오 게임 콘솔만 팔고 나머지는 기부하기로 했다.

마지막 상자는 비밀의 보물 상자 같은 것이었다. 그냥 평범한 종이 상자인 척하고 있지만 안에 뭐가 들었는지 나만 알고 있었다. 사진첩, 졸업장, 학위, 졸업 앨범 아래에, 유리병이 두 개 있었다. 빈 테킬라 병 하나는 한때 부드럽고 따뜻한 영약으로 가득 차 있던 것으로 멕시코 여행을 갔던 친구들이 자기 집과 고양이들을 돌봐주어서 고맙다고 선물로 준 것이었다. 병 앞에는 해먹에 누워 낮잠을 자고 있는 조그만 남자 인형이 붙어 있었다. 그리고 몇 년 전 이걸 마시던 상황이 정확히 기억난다. 하루 종일 힘든 일을 끝낸 오후마다 나는 테라스에 앉아 이 테킬라를 홀짝였다. 그리고 테킬라가 혀를 적실 때마다 이런 생각을 하곤 했다. '이런 게 인생이지.'

두 번째 병은 테킬라도 아니었고 멕시코에서 온 것도 아니었으며, 빈 병 역시 아니었다. 동네 주류 판매점에서 사온 값싼 럼주 병으로 한 번도 개봉한 적 없는 것이었다. 내 돈을 주고 샀던 것들을 기부하는 데에 죄책감을 느꼈던 것과 마찬가지로, 처음 금주를 했을 때는 이 럼주를 그냥 버리는 게 너무나 싫었던 기억이 난다. 이 술은 물론 저렴한 것이었지만 한때는 내게 가치가 있었고 그냥 두기만 해도 그 목적을 달성할 수 있을 것 같았다. 정리 전문가들이 말하는, 모든 물건이 갖춰야 할 자질이 바로 이런 것 아니겠는가? 물론 지금은 더 이상 내 몸 안에 넣을 수 없는 액체가 담긴 유리병에 불과했고 나도 그 사실을 알고 있었다.

나는 옷, 책, DVD, 전선 등을 보관해두었던 것과 같은 이유로 럼주를 보관하고 있었다. '혹시나' 필요할지 몰라서, 일하느라 너무 힘든 한 주를 보낼까봐, 가슴 아픈 일을 겪을까봐, 한번쯤 풀어져서 즐거운 밤을 보내고 싶게 될까봐, 뭔가 잊고 싶을까봐, 맨정신으로 사는 게 나한테 안 맞다는 결론을 내리게 될까봐.

한편으론 테스트이기도 했다. 내가 사랑하는 사람에게는 결코 허락하지 않을 바보 같은 테스트이지만, 그럼에도 스스로에게 준 테스트 말이다. 보통은 침실 옷장 안 상자 안에, 사진첩과 졸업장, 학위, 졸업 앨범 밑에, 아직 개봉하지 않은 화이트 럼이 있다는 사실을 잊고 살았다. 하지만 '혹시나' 했던 그 상황이 오면 술이 거기 있다는 게 떠올랐다. 일터에서 힘들 때가 있었지만 그리 자주는 아니었다. 시간은 걸렸으나 나는 힘듦을 중화시킬 수 있는 운동과 맑은 공기의 가치를 깨쳤다. 대부분은 마음이 아플 때가 문제였다. 마음이 아프면 꼭 재미와 흥분을 갈망하게 되었다. 책을 사고 싶을 때마다 주저 없이 책을 사게 만들었던 그 충동처럼, 우울할 때면 나는 간절히 술을 원했다. 정말로 우울하고 심하게 처질 때에도, 럼주는 언제나 내 뒷주머니에 있었다. 거기 그걸 보관하는 것 자체가 테스트였다.

마지막 세 번째 상자를 처리하는 건 쉬웠다. 왜냐하면 술병 두 개를 제외하면 모두 보관할 것들이었기 때문이다. 술병은 이제 둘 필요가 없었다. 빈 병은 이미 쓸모를 다했고, 그게 어떤 쓸모가 있었는지 상기할 필요가 없었다. 따지 않은 병은 비워야 했다. 그 대신 내용물을 빈 병과는 다른 구멍으로 흘려보낼 생각이었다. 럼주는 내 입술 대신 부엌 싱크대로 곧장 직행했다. 나는 술을 콸콸 부으며 낭비된 돈, 낭비된 꿈, 낭비된 기회에 작별을 고했다. 아니, 어쩌면 그 반대일지도 모른다. 지켜낸 돈, 지켜낸 꿈, 지켜낸 기회의 시작일지도.

작업을 다 끝낸 나는 내가 가진 것들의 43%를 가방에 담아 기부했다. 기아 리오5의 조수석 바닥부터 트렁크 천장까지 두 번이나 가득 채울 수 있는 양이었다. 나는 두 차례에 걸쳐 여러 기부 센터를 방문했고 그 모든 물건은 영원히 내게서 사라졌다.

얼마나 많은 물건을 버렸는지 기록하는 동시에, 현재 내가 보관하고 있는 것들도 적어놓아야겠다고 생각했다. 이미 내가 소유한 각각의 물건들을 하나하나 다 살피면서 분류하다 보니 내가 얼마나 많이 가지고 있는지 눈으로 확인할 수 있었다. 그래서 쇼핑 금지령을 포기하고 싶을 때마다 언제든 떠올릴 수 있는 시각 자료가 생겼다고 생각했다. 하지만 그럼에도 전체적으로 한 번 더 살펴보고 내 아파트에 있는 모든 물건의 실제 재고를 확인하여 외출해서 뭔가를 사기 전에 집에 이미 얼마나 많은지 참고할 수 있게 해야겠다고 결심했다. 세면대 아래에 데오도란트 스틱이 한 개 남아 있다는 걸 아는 것과, 네 개 남아 있다고 생각하거나 아예 없다고 생각하는 건 전혀 다른 문제이기 때문이다.

이후 마지막까지 남겨두었던 비싼 품목 몇 가지를 팔아서 몇 푼을 남길 수 있었다. 하나는 한 번도 쓴 적 없는 비싼 사진기였고, 또 하나는 새 노트북이 갑자기 작동되지 않을 때를 대비해 '혹시나' 하고 보관해두었던 오래된 노트북이었다. 나는 새로 예금 계좌 하나를 만들어서, 뭔가를 팔아서 번 돈을 모두 넣었다. 더불어 매달 테이크아웃 커피를 마시지 않고 모은 돈도 같이 넣었다. 그리고 그 통장에 '쇼핑 금지령'이라는 이름을 달아주었다. 이렇게 계좌에 모아둔 돈은 1년 내내 저축해둘 수도 있고, 승인된 쇼핑 목록에 있는 것들을 구매할 때 쓸 수도 있을 것이다.

한 달이 끝날 무렵 나는 기분이 좋았다. 이미 많은 것들을 성취한 기분이었다. 왠지 집 자체가 가뿐해진 느낌이었다. 내 활동 공간, 숨 쉴 수 있는 공간이 더 늘어났다. 나머지 달도 이번 잡동사니 처리 달만큼 쉽다면 아무 문제 없이 결승선을 향해 걸어나갈 수 있을 것이다. 물론 그렇게 쉽지 않으리라는 건 알고 있다. 꼬박 10년 동안 지켜온 습관과 루틴을 바꾸는 건 절대 쉽지 않았다. 이번

달에 내가 한 일은 내가 가고자 하는 곳에 좀 더 쉽게 다다르기 위하여 길을 내는 것이었다. 진정 힘든 순간은 첫 번째 커브 길을 돌 때 나타날 것이다. 그리고 그 순간이 나타나는 건 시간 문제라는 것도 알고 있었다. 어쨌든 소비를 줄이는 실험이 이번이 처음은 아니었기 때문이다.

PART 02

8월:
기본 생활 습관 바꾸기

금주: 19개월째
저축 비율: 19%
정리한 물건 비율: 43%

내가 처음 술에 취한 건 생물학적 아빠와 함께 있을 때의 일이었다. 그때가 아빠를 처음 만난 날인 동시에 마지막으로 본 날이기도 하다. 당시 나는 열두 살이었다.

나는 의도적으로 블로그에 음주 이야기를 많이 공유하지 않았다. 결코 사람들이 날 어떻게 생각할까 두려워서가 아니라, 사람들의 오락거리가 되고 싶지 않아서였다. 특히나 이 이야기는 더더욱 공유하고 싶지 않았던 건, 가족 전체가 오락거리가 되는 걸 원치 않아서였다. 나의 음주 경험이 내 성장 과정을 그대로 보여준다고 할 수도 없다. 그건 정말 사실이다. 다른 아이들이 친구들과 어울려 놀고 축구 게임에서 이기는 데 관심을 쏟을 나이에 나는 술을 마시게 된 것뿐이다.

우리 엄마와 생물학적 아빠는 결혼을 한 적이 없었다. 솔직히 커플도 아니었다. 몇 번 안 되는 만남 후 엄마는 임신하게 되었고 결국 이 임신이 엄마의 삶을 영영 바꿔놓았다. 아빠는 이 상황에 관여하고 싶어 하지 않았고, 내가 태어나기도 전에 미국으로 이사를 가면서 말 그대로 이 나라를 떠버렸다. 이 소식을 접한 엄마는 나를 낳기로 선택했고 난 엄마의 딸로 태어났다. 내가 **선택**이라는 단어를 강조하는 이유는, 내 눈에는 (비록 엄마는 나더러 '선물'이라고 말하지만) 그 사건이 엄마에게 결정권이 있는 문제였기 때문이다. 엄마는 우리 둘로 가족을 꾸리길 선택했고, 얼마 후 새아빠와 함께 살기로 선택했다. 참고로 내가 이 책에서 말하는 '아빠'는 모두 '새아빠'를 뜻한다. 그게 정확히 그를 뜻하는 말이기 때문이다.

돌이켜 보면, 자라면서 가장 고마운 일 중 하나는 엄마가 아빠를 만나기 전까지는 데이트 상대를 한 명도 소개시켜주지 않았다는 것이다. 심지어 아빠를 소개받았을 때도 나는 새아빠의 존재에 딱히 마음을 열지 않았다. 이미 7년간 엄마랑 둘이서만 살아왔기 때문이다. 실제로 나는 우리 아파트에 누군가 찾아와서 엄마 침대를 차지하고 있는 게 싫었다. 내가 악몽을 꿀 때마다 찾아가는 바로 그 침대에 말이다. 그건 내 베개였고, 내 이불이었으며, 내 침대, 내 엄마였다.

엄마와 아빠는 1992년에 만나 1995년에 결혼을 했고, 우리 가족은 3명에서 5명으로 커졌다. 여동생 앨리보다 여덟 살 위, 남동생 벤보다 열 살 위 장녀가 된다는 건 특별한 도전처럼 다가왔다. 아빠는 캐나다 해안경비대와 함께 브리티시컬럼비아 해안을 반년 동안 오가며 배를 타셨고, 그동안 나의 역할은 장녀에서 세 번째 부모로 바뀌었다. 나는 '아이들'을 학교에서 데려오고, 운동하는 곳에 데려다주고, 저녁을 준비하고, 빨래를 하고, 집 청소도 도왔다. 다른 10대였으면 거부하거나 반대할 수도 있었을 텐데 나는 당당하게 이 역할을 맡았다.

내가 열두 살일 때 나의 생물학적 아빠가 엄마에게 연락해와서는 나의 고향이자 두 사람이 처음 만난 곳, 빅토리아에 방문할 거라고 알렸다. 그의 어머니와 형제들은 여전히 거기에 살고 있었다. 그래서 그는 자기 가족들을 만나러 오는 김에 우리 셋과도 저녁을 함께할 수 있을지 궁금해했다. 엄마는 내게 어떻게 생각하냐고 물었다. 내 대답은 이랬다.

"관심 없어요."

물론 궁금하기도 했다. 하지만 언제나 날 걱정해주는 한부모 가정에서 자라난 나는 우리 집이 늘 최고라고 생각했었다. 엄마는 생계를 위해 열심히 일했고, 나는 엄마와 아빠 사이에서 부족한 게 없었으며, 늘 사랑받고 있다는 걸 알고 있었다. 하지만 그럼에도 나의 창조에 도움을 준 이 신화 속 인물이 누구인지 궁금하기도 했다. 그래서 우린 그와 만나기로 했다.

그날 밤의 기억은 선명하지만 동시에 혼란으로 가득 차 있다. 그때의 모든 순간을 머릿속에 다시 재생할 수 있을 정도로 선명하기는 하다. 마치 첫 데이트나 첫 키스 때의 어색함을 기억하는 것과 같은 느낌으로 말이다. 하지만 혼란으로 가득 차 있기도 하다. 왜냐하면 그가 도대체 무슨 생각으로 나를 그런 상황에 처하게 했는지 결코 이해할 수 없을 것 같기 때문이다.

식사하며 나눈 대화는 일상적인 것이었다. 지금은 어디 사나? 무슨 일을 하나? 가족들은 잘 지내나? 피상적인 수준의 질문들이었다. 나는 어른들이 주고받는 대화를 잠자코 듣고 있었다. 사실 무슨 말을 해야 할지도 몰랐다. 겨우 열두 살짜리 애가 거기서 무슨 말을 하겠는가? 그때까지만 해도 내 삶은 친구, 책, 농구, 남자애들에 대한 관심을 중심으로 돌아가고 있었다. '그가 정말로 이런 이야기를 듣고 싶었을까?'

그래서 나는 그저 조용히 입을 다문 채 그를 빤히 쳐다보기만 했다. 그의 얼굴 구석구석을 찬찬히 살펴보고 내 얼굴과 비교도 했다. 그는 금발이었다. 나도 금발이었다. 엄마랑 아빠, 앨리, 밴은 모두 짙은 갈색 머리였기 때문에 늘 나만 외톨이었다. 난 생각했다. '이 부분은 저 사람이 만든 거였네.' 우린 코도 똑같았다. 게다가 미소 지을 때, 머리를 뒤로 젖힐 때, 웃을 때 그의 윗입술이 얇아지는 게 눈에 들어왔다. 나 역시 같은 상황에서 윗입술이 없어졌고, 이 부분은 내가 원래부터 매우 싫어하던 점이었다. 이제 누구를 탓하면 될지 알게 되었다.

이제 슬슬 일어나려고 준비하던 차에 그가 엄마에게 나를 데리고 시내로 가서 아이스크림을 사줘도 될지 물었다. 나의 생물학적 아빠는 프리랜서 사진작가였고 한때 고향이었던 이 도시의 사진을 찍고 싶어 했다.

"이곳의 전체적인 바이브를 느껴봐야지, 야!"

그는 영국 느낌도 나고 남아프리카공화국 느낌도 나는 억양으로 바이브, 그루비, 맨, 야! 같은 단어를 섞어가며 이런 식으로 말을 했다. 내가 그걸 어떻게 받아들여야 할지 알 수 없었지만, 10대인 내 귀에는 뭔가 세상 경험이 많은 느낌이 들긴 했다. 엄마는 내게 같이 가겠느냐고 물었고, 싫다고 하는 게 더 어색할 것 같았다. 결국 나는 그의 차에 탔고, 우린 쿼드라 스트리트에서 이너 하버가 있는 남쪽으로 향했다.

그때 너무 이해되지 않았던 건 그가 애초에 나랑 아이스크림을 먹으러 갈 계획이 전혀 없었다는 점이었다. 그 대신 그는 시내에 주차할 데를 찾지 못하자 뭐라 중얼거리며 욕을 했고, 베스천 스퀘어에 있는 낡은 술집에 날 데리고 가서 바에 앉혀 놓았다. 그는 바텐더에게 날 좀 봐달라고 부탁하더니, 윙크를 하고 웃으며 구석으로 사라졌다.

그가 날 혼자 앉혀놓은 시간은 대략 30분 정도였겠지만 내게는 그 순간이 몇 시간처럼 느껴졌다. 당시 바텐더는 내게 라임 마가리타 (나중에야 그게 뭔지 알게 되었지만) 두 잔을 서빙했다. 첫 잔은 세븐일레븐에서 파는 슬러시 맛이 났다. 난 텔레비전을 보며 허겁지겁 첫 잔을 마셨다. 빨리 마신 만큼 얼른 술집을 나설 수 있을 거라 기대했기 때문이다. 바텐더가 두 번째 잔을 내왔을 때는 눈앞의 모든 게 다 약간씩 반지르르해 보였고 몸속이 뜨끈하게 느껴졌다. 친구랑 잠시 만났다가 다시 돌아온 생물학적 아빠는 내가 취한 걸 눈치챘다. 그가 바텐더에게 소리쳤다.

"커피랑 위스키 섞은 걸 마시면 애도 벌떡 일어날 거야, 맨!"

난 그걸 한 모금을 마시고, 검은 머그잔에 다시 천천히 뱉은 뒤, 그에게 집에 데려다달라고 부탁했다.

지금껏 살면서 가장 불편했던 경험을 꼽으라면 그때

그 차 안의 상황을 말할 것이다. 20분 동안 아빠는 이런 질문을 했다.

"근데 새아빠는 어떤 사람이야?"

"너랑 나, 네 엄마가 가족이 될 수 있을 거라 생각해?"

난 울음을 참으려고 혀를 깨문 채, 창밖으로 빠르게 스쳐 지나가는 자동차와 집만 쳐다보고 있었다. 그리고 우리 가족이 있는 집까지 빨리 도착하게 해달라고 아무 신에게나 기도했다. 갑자기 앨리와 벤 없이는 절대 살고 싶지 않다는 생각만 가득했다. 그 애들은 나의 의붓형제자매이자 유일한 형제자매였다.

엄마는 현관 앞 창가에 앉아서 내가 오기를 기다리고 있었던 게 분명했다. 왜냐하면 우리가 탄 차가 진입로에 들어서자마자 엄마가 현관문을 열고 밖으로 걸어 나왔기 때문이다. 내가 차에서 내리자 그는 엄마에게 손을 흔들었고, 자기 모친에게서 빌린 낡고 오래된 흰색 뷰익을 타고 쌩하고 떠나버렸다. 비틀거리며 진입로를 따라 걸어오는 날, 엄마는 층계 위에 선 채로 내려다보았다. 손으로 벽을 잡고 겨우겨우 몸을 지탱한 채 10개의 계단을 하나하나 천천히 오르고 있자니 벽에 닿은 손바닥이 아릴

지경이었다. 마침내 현관문으로 들어서자 겁에 질린 엄마의 얼굴을 볼 수 있었다. 엄마가 나를 그런 식으로 쳐다본 건 그때가 처음이었다. 하지만 그게 마지막은 아니었을 것이다. 나는 여전히 벽을 붙잡은 채 내 방까지 걸어 들어갔고, 방에 도착하고 나서야 손을 놓고 침대에 쓰러졌다.

그 이후에 무슨 일이 있었는지 자세하게는 모르겠다. 다만 침대에 누운 채로 엄마가 부엌 전화기에 대고 소리치는 걸 들었던 기억은 난다. 엄마는 먼저 생물학적 아빠에게 전화를 걸었다. 그다음엔 내게 술을 서빙한 술집에 전화를 걸어 경찰에 알리겠다고 협박했다. 웃긴 건 생물학적 아빠의 형제가 엄마가 일하는 시청에 붙어 있는 경찰서에서 순경으로 일한다는 사실이었다. 이는 빅토리아가 얼마나 작은지 보여주는 증거였다. 하지만 나는 그 형제라는 사람을 한 번도 만난 적이 없었다. 이는 이 작은 도시가 얼마나 큰지 보여주는 증거이기도 했다. 어쨌든 그 순경이 내일이면 이 소식은 듣게 될 것이다. 엄마가 전화로 그렇게 말했으니까.

침대에 누워 그 전화 통화를 듣는 동안 벽에 붙어 있는 조나단 테일러 토마스^{미국의 영화배우}의 포스터가 방 안을 빙글빙글 도는 것 같았고, 나는 어느새 눈을 감고 기절해버렸다.

이 이야기의 가장 안타까운 면은 그런 일이 일어났다는 사실 자체가 아니라, 내가 그 후로 몇 년 동안 마치 어른이 된 것처럼 행동하고 다녔다는 사실일 것이다.

과거 빅토리아의 공립학교 제도는 두 개의 학교에 다니는 것으로 나뉘어 있었다. 바로 (유치원부터 7학년까지인) 초등학교와 (8학년부터 최고 학년까지인) 고등학교였다. 나는 첫 음주 경험을 한 지 얼마 안 돼 열세 살이 되었고 고등학교에 입학했다. 그리고 그곳에서 새로운 친구 모임을 만들었는데 대부분 8학년 여학생과 9학년 남학생으로 구성되어 있었다.

어리고 불안한 10대 대부분이 그러하듯, 우리도 어린 시절의 전쟁 같은 스토리들을 서로 공유했다. 새로운 친구들 중 많은 수가 부모님의 이혼을 경험했고, 그중 일부는 새엄마나 새아빠를 싫어하고 있었다. 부모의 알코올 중독과 약물 중독이 심각해서 그게 건강에 나쁘다는 걸 알고 있는 아이들도 몇몇 있었다. 하지만 직접 술이나 마약에 손을 대는 사람은 한 명도 없었다. 담배를 훔치거나 냉장고에서 맥주 한 캔을 훔치는 남자애들이 두세 명 있는 게 다였다. 이런 이야기를 쭉 들으며 나는 눈에 띌 수 있는 기회가 생겼다고 생각했다.

자라면서 나는 뭔가에 특별히 두각을 드러낸 적이 없었다. 6학년과 7학년 때 야구팀에 속해 있었지만 매번 경기 때마다 2~3분 정도 뛰는 게 보통이었다. 체육 시간에 팀을 짤 때도 종종 마지막으로 뽑히곤 했다. 머리도 너무 짧고 배와 엉덩이에 살도 쪄서 '예쁘다'고도 볼 수 없었다. 나에겐 딱히 관심을 가질 만한 요소가 전혀 없었다. 하지만 새 친구들에게 내세울 게 딱 하나 있었는데 바로 우리 중 처음으로 술에 취해본 적 있다는 사실이었다.

"이번 여름에 친아빠랑 놀러 갔다가 진탕 취했지 뭐야!"

나는 그때가 무척 재미있었다는 듯 이야기했다. 그리고 내가 무슨 칵테일 전문가라도 되는 양 술맛을 자세하게 묘사하고는 이렇게 마무리했다.

"언제 우리도 같이 한번 마시자!"

그리하여 난 갑자기 그 무리에 "그저 속해 있는 아이"가 아닌 우두머리 중 한 명이 되었다.

얼마 안 가 우린 주말마다 술을 마셨다. 9학년 남자애들 중 형이 있는 친구가 한 명 있었는데, 그 형이 금요일마다 기꺼이 술을 사다줬기 때문이다. 10~15명쯤 되는 우리 무리는 학교 옆 야구장 스탠드에서 만나 그 특별한 배달을 기다렸다. 미니밴은 매주 같은 어두운 시간 겨울철에는 6시, 봄철에는 8시에 나타났고, 우리는 두어 시간에 걸쳐 2리터짜리 사과주를 홀짝이며 마치 그곳을 전세라도 낸 듯 야구장을 뛰어다녔다.

당시에는 이렇게 될 줄 몰랐지만, 그 후로 난 14년 동안 온갖 잘못된 이유로 술을 마시며 살아왔다. 나는 누군가 실제로 좋아할 만한 좀 더 멋진 사람이 된 것 같은 기분을 느끼려고 술을 마시곤 했다. 데이트나 섹스 같은 어색하고 불편한 사회적 상황에서 술을 윤활제처럼 사용하기도 했다. 그리고 불안함을 해소하기 위해 술을 마시기도 했다. 하지만 그때는 몰랐다. 난 그저 내가 술에 소질이 있다고만 생각했다. 난 술을 잘 찾아냈고, 술을 잘 마셨다. 남자아이들에게도 절대 뒤지지 않았고, 술 마신 뒤 힘들어하는 일도 없었다. 나는 파티에 능한 사람이었다.

난 고등학생 땐 일주일에 한두 번, 20대에는 일주일에 서너 번씩 술을 마셨고, 술을 마실 때마다 거의 매번 필름이 끊겼다.

필름이 끊기는 것도 두 가지 유형이 있었다. 어느 날은 한두 시간 정도의 기억만 잃었다. 그러면 나는 친구들에게 몇 시에 파티를 나섰는지 물어보거나, 내 짝사랑 상대가 문자 메시지로 무슨 말을 했는지 확인해야 했다. 그리고 난 잠들기 전 이 모든 대화의 흔적을 지웠는데 이런 우스꽝스러운 증거를 남기고 싶지 않았기 때문이다. 이 유형은 한두 시간 정도만 기억을 잃는 것이었기에 그리 나쁘지 않았다.

그런가 하면 어느 날은 처음 한두 시간 이후 모든 걸 다 잊어버렸다. 나는 누가 술을 뺏어가기라도 할 것처럼 눈에 보이는 술을 모두 꿀꺽꿀꺽 마시곤 했다. 파티에 가며 길바닥에서 노래를 부른다거나, 파티에 도착해서 친구들과 포옹을 하는 등 마지막 기억은 늘 재미있는 것이었다. 그런 다음 아침이 되어서야 깨어났다. 보통은 내 침대에서 눈을 떴지만 가끔은 다른 사람 집 소파에서 일어나기도 했다. 설명이 필요한 여섯 시간 정도를 잃어버린 채.

난 이런 식으로 필름이 끊기는 게 싫었다. 내가 뭘 마시고, 무엇 때문에 웃고, 뭘 먹고, 무슨 행동을 했는지 궁금해하는 그 느낌이 싫었다. 뭔가 바보 같은 행동이나 말을 했을까봐, 그래서 결국 내 인간관계에도 영향이 갈까봐 가슴 졸이는 느낌이 싫었다. 그럼에도 나는 이런 행동을 14년 동안 계속했다.

사람이 뭔가를 영영 끊기 위해서는 그전에 열두 차례 정도 끊으려고 시도한다는 이야기를 어디선가 본 적이 있다. 나의 금주도 정확히 그런 식이었다.

처음 금주를 생각했을 때는 친구 집에서 크리스마스, 굿바이 파티를 했던 다음 날 아침이었다. 친구는 넉 달 동안 태국으로 떠날 예정이었다. 우린 거창한 송별회를 하기 위해 태국 맥주와 스파이스 럼, 에그노그를 마셨다.

아주 역겨운 조합이었지만 스무 살 우리들에겐 잘 어울리는 것처럼 느껴졌다. 친구 아빠의 밴드가 라이브로 연주하는 동안 열다섯 명 이상 되는 친구들은 양말을 신은 채 춤을 추고 부엌 바닥에서 미끄러지며 놀았다.

다음 날 아침 나는 옷을 그대로 입은 채 침대에서 깨어났고 침대까지 어떻게 왔는지 하나도 기억이 나지 않았다. 4일에 걸쳐 친구들과 숱한 대화를 하고 나서야 당시 무슨 일이 있었는지 이해할 수 있었다. 듣자 하니 당시 나는 택시를 불러놓고 기다리다가 인도에서 잠이 들었던 모양이었다. 잠시 후 친구의 부모님이 날 발견하고는 콘크리트 바닥에서 날 일으켜 세운 뒤 그들의 밴 뒷자리에 태웠다고 했다. 그래도 내가 우리 부모님 집 방향을 말할 수 있을 정도의 정신은 있었던 모양이었다. 집에 도착한 후에는 부모님이 날 데리고 들어와 침대에 눕혀주었다고 했다. 그런데 난 이 모든 게 하나도 기억나지 않았다. 그날 밤 길바닥에서 누가 날 업어가도 모르는 상황이었던 것이다.

새해 초, 나는 당시 나를 발견해주었던 친구 부모님에게 카드를 썼다. 도와줘서 고맙다는 감사 인사와 함께,

정확히 무슨 일이 있었는지 모른다는 괴로움과 죄책감도 같이 표현했다. 그리고 다시는 술을 마시지 않을 계획이라는 말도 했다.

"그동안 3주가 지났고 그사이 술은 한 방울도 안 마셨어요."

나는 있는 그대로 사실을 썼지만 금세 나는 다시 술을 마셨고 5년 동안 술을 끊을 시도조차 하지 않았다.

2011년, 내 새해 결심은 1년 내내 술을 마시지 않는 것이었다. 그리고 그 결심이 23일 정도 갔던 것 같다. 그해 2월, 난 휴직을 하고 새로운 삶을 살아보겠다며 다른 지역으로 날아갔다. 하지만 저축했던 걸 겨우 8주 만에 술에 다 탕진하고 거의 20,000달러^{2,600만 원}에 달하는 빚을 진 채, 마지막 남은 350달러^{45만 원}를 털어 고향인 빅토리아까지 돌아오는 비행기 표를 샀다. 그 시점에서 난 속도를 늦추고 술을 좀 줄여야 했었다. 하지만 난 10달러^{13만 원}짜리 와인을 살 수 있는 여유가 생기기만 해도 곧바로 술을 사서 한 시간 안에 마지막 한 방울까지 비워버렸다.

2012년 여름, 남자 친구와 오랜 기간 이어진 관계가 유난히 충격적인 방식으로 끝이 났다. 난 이별을 잊기 위해 더 열심히 파티를 했다. 하지만 여름이 지나며, 나는 내가 술을 마실 날도 얼마 남지 않았다는 걸 알게 되었다. 2011년 점점 더 한계에 가까워지고 있다는 걸 직감으로 느꼈던 것과 마찬가지로, 이번에도 이대로는 더 이상 견딜 수 없을 것 같다는 느낌이 계속해서 들었다. 내가 술을 과하게 마시는 이유는 너무 명확했고 그래서 나도 더 이상 그것들을 무시할 수 없었다. 나는 더 멋진 나처럼 보이고 싶어서 술을 마셨다. 데이트나 섹스 같은 어색한 사회적 상황에서 윤활제 역할로 술을 이용했다. 그리고 나의 고통과 불안함을 잠재우기 위해서 술을 마셨다. 하지만 어릴 때부터 하나도 변한 게 없었다.

그해 8월 말, 나는 토론토에 있는 한 금융 스타트업에서 전임 편집장 자리를 제안받았다. CEO가 내 블로그를 읽고 내 작업을 마음에 들어했으며, 내가 토론토를 좋아하는 것도 알고 있었다. 그녀가 물었다.

"이쪽으로 올래요?"

그녀는 내가 새로운 삶을 간절히 원하고 있다는 사실을 알지 못했다. 나는 그녀의 제안을 받아들였고, 정부 기관이라는 안정적인 직업을 그만두고, 더플백 두 개에

짐을 챙겨서, 3주 후 토론토행 비행기에 몸을 실었다.

토론토에서 나는 친구들과 외출하고 파티를 하며 나의 이사를 축하했다. 이후 몇 차례 생일파티도 있었고, 새로운 직장 동료들과도 하룻밤 파티를 열기도 했다. 그러나 동시에 내 머릿속의 목소리가 점점 더 커져갔다. 난 내가 무슨 짓을 하고 있는지 정확히 알고 있었다. 난 행복한 척, 토론토에 온 게 신나는 척하고 있었다. 내 젊은 시절의 가장 의미 있는 관계 중 하나였다고 말할 수 있는 그 관계가 끝난 후, 아직도 심각한 영향을 받고 있는데도 그걸 숨기려고 애쓰면서 말이다. 난 고통을 느끼고 싶지 않았다. 하지만 이제 술도 더 이상 나를 고통에서 구해주지 못했다.

이별의 고통은 내 삶의 모든 측면을 장악했고, 그동안 내가 만들었던 좋은 습관들을 모두 문밖으로 집어 던져 버렸다. 난 다시 돈을 많이 썼고, 나쁜 음식을 먹었다. 마지막으로 언제 러닝을 하고 헬스장에 갔는지 기억조차 나지 않았다. 여름에서 가을로 계절이 바뀔 무렵, 난 이 상황을 반전시킬 수 있는 유일한 방법은 술을 완전히 끊는 것뿐이라는 걸 깨달았다. 이번에는 심지어 블로그에도 이 이야기를 포스팅하며 '(또) 변명하는 건 이제 끝'이라는 제목을 달았다. 이 문제에 대한 글을 쓰고 '게시하기' 버튼을 누르면 억지로라도 책임감을 가질 수 있을 거라 생각했다. 최대치로 살이 쪄서 건강해지기로 다짐했을 때도 이 방법이 효과가 있었으니, 금주에도 도움이 되겠지?

45일 후, 나는 콘서트에서 맥주 두 병을 마셨고 뒤이어 6주간 정신없이 진탕 마시는 시기를 보냈다. 그사이 있었던 일은 다음과 같다. 뉴욕 시에 처음으로 여행을 가서 내내 필름 끊기기, 수차례 남자들과 불편한 상황에 처하기, 술집에서 술값으로 450달러^{58만 원} 쓰기, 아침에 자고 일어났더니 입고 있던 청바지가 없어져서 원피스만 입고 돌아오기.

나는 수차례 술을 끊으려 시도했지만 정말로 제대로 끊기 전까지는 끊었다고 할 수 없었다. 그리고 정말로 끊는 날이 스물일곱에 찾아왔다. 어김없이 필름이 끊겼다가 깨어난 나는 지난밤 문제 상황이 오로지 파편적으로만 기억이 났고, 이젠 정말 끝이라는 걸 깨달았다. 그 상황이 예전 다른 것들에 비해 더 심각하거나 했던 것은 아니었지만, 나 자신이 마지막을 맞을 준비가 되어 있었다. 난 일어나서 이렇게 말할 수밖에 없었다.

"이대로는 안 돼."

이미 수도 없이 되뇌었던 말이지만, 이젠 그 한도에 도달한 것이다.

술을 끊어서 가장 힘들었던 점은 단순히 술을 마실 수 없다는 게 아니었다. 어색한 사회적 상황을 마주했을 때 또는 불안정하거나 거절당했다고 느꼈을 때 술을 마실 수 없다는 게 힘들었다. 그리고 생각보다 그런 상황이 자주 찾아왔다. 내가 미워했던 감정, 술로 숨기는 데 익숙했던 감정을 더 이상 감출 수 없는 때가 왔다. 직장에서 나쁜 일을 겪으면 와인 한두 병으로 다 잊을 수 있었다. 남자에게 배신당해도 친구들이랑 사과주 큰 사이즈 네 캔과 술집에서 파는 싸구려 술 여섯 잔만 마시면 원상태로 돌아갔다. 하지만 이젠 더 이상 이런 짓을 할 순 없었다. 불편함을 느끼고 술을 갈망하다가도 결국은 과거를 밀어내고 이 상황을 처리할 새로운 방법을 찾아야만 했다.

2년이 채 지나지 않아 쇼핑 금지령이 시작된 지 한 달도 안 된 시점에서, 나는 술 끊기와 테이크아웃 커피 포기하기 간의 유사점을 발견했다. 커피가 술에 비해 무해한데도 가끔 하루에 두 잔씩 마시는 라테를 포기하는 게 저녁에 마시는 와인을 포기하는 것과 비슷하게 느껴졌다. 나는 내가 이렇게 커피를 갈망하게 될 줄은 몰랐다.

아침에 일어나서 너무 피곤하고 눈뜨기가 힘들 때마다 제일 먼저 라테가 생각났다. 어째서인지 부엌으로 가서 커피를 내리는 것보다 옷을 차려 입고 아래층으로 내려가 커피숍에 가는 게 더 쉽게 느껴졌다. 오전 중 일하다가 잠시 쉴 때도 커피가 생각났다. 내 머릿속 목소리가 자꾸만 내게 커피를 마실 자격이 있다고 속삭였다. 잠시 심부름을 하러 가거나 차를 타고 여행을 하기 전에도 커피가 생각났다. 테이크아웃 커피를 금지하기 전까지는 커피를 마시는 데에 중점을 둔 습관들이 이렇게나 많다는 걸 깨닫지 못했었다. 그리하여 매번 커피가 너무 마시고 싶을 때마다 나는 이 순간을 견디면서, 갈망을 불러일으킨 원인에 주목하고, 내 반응을 변화시켰다.

확실히 테이크아웃 커피를 포기하는 건 술을 포기하는 것보다 훨씬 쉬웠다. 그 반대인 척하지도 않을 거고, 할 수도 없을 정도다. 아침에 라테가 너무나 마시고 싶으면 부엌으로 걸어가서 프렌치프레스를 채우기만 하면 됐다. 때로는 큰맘 먹고 헤이즐넛 시럽 한 병을 사서 홈메이드 라테 대용품을 시도하기도 했다. 그리고 장시간 차를 타야 할 일이 있으면 미리 물병과 여행용 커피 머그잔을 챙겨서 다녔다. 이걸 오랜 시간 하다 보니 새로운 습관이 되었다. 8월 중순쯤이 되자 나는 내가 일으킨 변화에 만족하게 되었다.

하지만 금주를 할 때는 이런 습관을 들이지 못했다. 심지어 쇼핑 금지령을 내린 지금 쇼핑에 관해서도 마찬가지였다. 수년 동안 나는 내 삶이 더 좋아지려면 술이 필요하다고 생각했고, 마찬가지로 무언가를 사는 게 내 삶을 더 좋아지게 만든다고 생각했다. 매일 쇼핑할 생각을 하진 않았다. 매주 쇼핑할 생각을 한 것도 아니었다. 그러나 어느 날 갑자기 조금 전만 해도 원하지 않고 있던 무언가를 갈망하는 나 자신을 발견하게 되었다.

좋은 책 소식을 들으면 곧바로 인터넷 서점을 뒤졌다.

마스카라를 사러 가게에 갔다가도 줄지어 놓여 있는 아이섀도를 보면, 왠지 지금 쓰는 아이섀도는 색이 맞지 않는 것 같아 새로운 걸 시도하고 싶어졌다. 그땐 BB 크림이 뭔지도 몰랐으면서(사실 지금도 잘 모르지만), 완벽한 피부를 만들어준다는 광고를 보고 나면 그게 꼭 필요하다는 생각이 들었다. (승인된 쇼핑 목록에 있던) 후드 달린 스웨트셔츠를 사러 갔다가 옆에 걸려 있는 스카프를 보면 어쩐지 내 스타일 같아 보였다. 아니 정말로 필요한 것 같았다! 물론 난 스카프가 필요하지 않았고, 실제로 사지도 않았다.

새로운 물건을 살 수 없게 된 후 가장 힘든 점은 정말로 뭔가 새로운 걸 사지 못한다는 점이 아니라, 물리적으로 나의 트리거를 마주해야 한다는 점, 그리고 그에 대한 나의 반응을 변화시켜야 한다는 점이었다. 쇼핑 금지령에 대해 잠시 잊는 순간 곧바로 다시 쇼핑을 하고 싶다는 생각이 들었다. 마치 헤어날 수 없는 전 남자 친구처럼 말이다.

매번 그럴 때마다 나는 잠시 멈춰서 주변을 둘러본 후, 왜 내가 이걸 사고 싶어 하는지 알아내려고 애썼다. 가끔은 내 손가락이 너무 컴퓨터 근처에 있는 탓에 너무 쉽게 쇼핑 웹사이트를 열 수 있어서 그러는 듯했다. 또 어떤 때는 판촉 행사나 가게에서 풍기는 냄새에 흔들릴 때도 있는 것 같았다. 하지만 단순히 내가 늘 하던 행동이었기 때문에 계속하는 경우가 더 흔했다. 과거에는 뭔가를 원할 때마다 바로 샀다. 아무런 질문도 하지 않았고 빚이나 저축 목표 따위 안중에도 없었다. 이제는 이런 쇼핑 충동과 맞서 싸우기 위해 내가 그동안 얼마나 많은 것들을 갖다 버렸는지, 그럼에도 얼마나 많은 것들이 집에 아직 쌓여 있는지만 생각했다. 충분히 버렸고, 충분히 갖고 있었기 때문이다.

이런 상황에 자주 처하고 나서야 쇼핑 금지령이 내가 생각했던 것보다 훨씬 어렵다는 사실을 깨닫게 되었다. 단순히 돈을 쓰지 않는 것과는 차원이 다른 일이었다. 나는 수년 동안 다져왔던 습관과 루틴을 바꿔나가는 중이었다.

습관을 바꾸는 데 얼마나 오래 걸리는지는 읽는 책마다 그 대답이 달랐다. 누군가는 21일 만에 가능하다고 했고, 66일, 심지어 12주가 걸린다는 사람도 있었다. 나의 경우엔 쇼핑 금지령을 내린 지 거의 두 달이 다 된 지금도 끊임없이 지출을 유발하는 계기를 확인하고 그것을 극복하고 있다. 그런 동시에 애초에 그것들이 왜 존재하는지 이해하려고 노력하고 있었다. 난 이러한 사실이 놀랍지 않았고, 지금도 놀랍지 않다. 중독자에게 특정한 약물이(술, 마약, 음식, 뭐든) 어떤 상황에서도 유일한 도움이 될 거라는 생각을 멈추기까지 얼마나 오래 걸렸는지 물어봐라. 그 누구도 21일이라고 말하는 사람은 없을 거라고 장담한다.

8월 말, 쇼핑을 그만둔 지 56일째였지만 나는 여전히 나의 착한 마음 아래에 나쁜 소비 습관이 꿈틀거리고 있음을 느낄 수 있었다. 나의 일상적인 습관에 대해서는 이미 많은 걸 파악한 상태였지만, 나의 지출 결정이 생각보다 훨씬 더 감정적이라는 사실은 이제 막 깨달아가는 참이었다.

PART 03

9월:
쇼핑을 통한 기분 전환과 작별하기

금주: 20개월째
저축 비율: 12% (한 달 내내 여행했음)
이 프로젝트를 완수할 수 있을 거라는 자신감: 60%

쇼핑중독이란 단어를 들으면 하이힐을 신은 여성이 양손 가득 옷, 신발, 화장품 쇼핑백을 들고 가는 모습이 그려질 것이다. 나 역시 늘 그런 식으로 상상했다. 왜냐하면 미디어와 대중적인 신문 기사에서 늘 그게 사실인 양 그려왔기 때문이다. 쇼핑중독에 대한 책도 있다. 쇼핑 중독에 대한 소설 시리즈도 있고, 영화도 있다. 그리고 그런 작품들의 표지에는 늘 하이힐을 신은 여성이 양손 가득 옷, 신발, 화장품 쇼핑백을 들고 가는 모습이 그려져 있다.

바로 그런 이유로 나는 그 단어와 나를 동일시해본 적이 한 번도 없었다. 자동차를 제외하고는 내가 이전에 진 빚 대부분은 외식과 파티의 결과였다. 나의 신용카드로는 감당할 수 없는 생활 방식으로 살았기 때문이었지 쇼핑을 많이 한 결과가 아니었다. 이따금 친구들과 쇼핑몰에 가곤 했지만 그게 내 흔한 취미는 아니었다. 물론 정말로 필요하지 않은 책을 산다든가, 물건 두 개를 사러 가게에 갔다가 다섯 개를 사서 나오는 등 생각 없는 쇼핑을 종종 하긴 했다. 하지만 난 하이힐을 신지도 않았고, 옷, 신발, 화장품으로 가득 찬 가방을 집에 들인 적도 없었다. 그러니 난 쇼핑중독이 아닌 거겠지?

고정 관념에 맞춰 그려진 그림을 보고 손가락질하며 "난 저런 모습이 아니니까 쇼핑중독도 아니야"라고 말하는 건 참 쉽다. 이렇게 우리는 단언하듯 큰소리로 그 그림에 해당하는 다른 사람들에겐 창피를 주면서 스스로는 그렇지 않다고 안도했다. 나 역시 스스로를 쇼핑중독이라고 규정한 적이 없었다. 하지만 난 의심의 여지 없이 강박적인 쇼퍼였다.

나는 음식과 술을 포함해 모든 것을 강박적으로 흥청망청 사는 소비자였다. 몇 시간 동안 쉬지 않고 텔레비전에 푹 빠져 있는 습관도 어떻게 그만둬야 할지 몰랐다. 20대 때에는 실제로 술에 취한 시간 외에는 TV 앞에서 시간을 낭비하고 있었다. 나는 스스로를 알코올 중독으로 규정하지도 않았다. 의료 전문가가 보면 어떤 시점의 나를 분명히 알코올 중독으로 규정할 텐데도 말이다. 나는 종종 내가 얼마나 술을 많이 마시는지에 대해 거짓말을 했다. 내가 얼마나 많이 쓰는지에 대해서도 거짓말을 했다. 그리고 그걸 어떻게 다 갚는지에 대해서도 거짓말을 했다. 절대로 신용카드는 쓰지 않고 현금으로 갚는다고 했다. "난 그럴 능력이 된다"고 하면서 말이다.

쇼핑에 관해서도 똑같은 거짓말을 하고 똑같은 변명을 했다.

또한 나는 종종 쇼핑을 통한 기분 전환의 희생양이 되어 내 기분을 더 나아지게 할 의도로 물건을 사곤 했다. 술은 그저 일상적으로 찾는 것이었다. 하지만 정말 큰일이 일어나는 때, 내가 완전히 무릎을 꿇고 쓰러져서 다시 일어서려면 다리를 벌벌 떨며 애를 써야 할 정도의 큰일이 벌어지는 때도 있다. 그때는 내가 감당할 수 없을 정도의 소비를 한 나머지 재정 상황에 큰 피해가 일어나는 때를 말했다. 나에게 그런 큰일은 보통 이별을 했을 때 벌어졌다.

 쇼핑 금지를 결정하기 이삼 주 전, 나는 새로운 사람을 만나기 시작했다. 토론토에서 지내던 6월에 앤드루를 처음 만났다. 나는 2012년 정부 기관을 떠난 후 토론토에 있는 금융 스타트업에서 일했고, 앤드루는 회계사였다. (물론 지금도 원거리에서 재택근무를 하며 종종 토론토에 방문한다.) 우리는 숫자와 스프레드시트에 대한 애정으로 유대감을 형성한 뒤, 빠르게 편한 사이가 되었고 서로에게 웃음을 주는 상대가 되었다. 수천 마일 떨어진 곳에 살고 있는데도 우리는 순식간에 친해졌고 서로를 더 알아갈 가치가 있다고 생각했다.
 설레는 연애 초기는 역시나 멋졌다. 앤드루는 내가 있

는 곳보다 세 시간 빠른 시간대에 살고 있었기 때문에 매일 아침 일어나면 키스 모양 이모지가 붙어 있는 배려 깊은 문자 메시지와 함께 아침을 시작했다. 우리는 밤늦게까지 몇 시간 동안 통화하기도 했고, 스카이프를 켜놓고 동시에 같은 흑백 영화를 보면서 저녁을 먹기도 했다. 이런 생활을 한 지 딱 한 달이 되었을 때, 그는 나에게 아직 다른 사람과 만날 생각이 있는지, 그게 아니라면 둘이 사귀는 게 어떨지 물어보았고, 나는 하늘을 나는 기분이 들었다. 만약 실제로 대면한 상태라면 그가 나를 안고 공중으로 들어 올려 세 바퀴 빙글빙글 돌지 않았을까, 로맨틱한 흑백 영화 스타일의 키스로 이 순간을 마무리하지 않았을까 상상했다.

   그가 상냥한 것과는 별개로 앤드루에게 가장 고마운 점 하나는 연애를 시작하는 사람 대부분이 흔히 피하려고 하는 주제에 대해 거리낌 없이 질문을 하고 대화를 나눌 수 있었다는 것이다. 우리는 서로의 급여와 순자산을 공유했다. 종교적인 믿음, 정치적인 믿음에 대해 대화를 나누었다. 나의 금주에 대해 그리고 그게 나에게 무슨 의미가 있는지에 대해 수없이 토론을 나누었다. (그는 사람들과 어울려 술을 마시는 스타일이었고, 내가 만났던 파트너들 모두 마찬가지였다.) 또한 우리는 과거의 연애 경험에 대해서도 길게 이야기를 나누면서 왜 그 관계가 잘못되어서 결국엔 끝나버릴 수밖에 없었는지 그 문제의 근원에 대해서도 알게 되었다.

앤드루는 자신이 이혼을 했다는 사실에 대해 늘 솔직하게 털어놓았다. 그는 전 부인과 10년 정도 사귀었고 당연히 결혼을 하는 게 타당한 순서인 것 같아서 결혼했다. 하지만 그 결혼은 전 부인의 외도로 금방 깨져버렸다. 그는 이 모든 상황에 대해 전 부인 탓을 하지 않았다. 아마 대부분의 사람은 상대를 탓할 것이다. 내가 앤드루였어도 부인 탓을 했을 것 같았다. 하지만 그는 그러는 대신 자신이 미처 다하지 못했던 역할에 대해 이야기했다. 그 관계를 너무나 당연하게 여기고, 갈등이 있을 때마다 그저 입을 다물어버렸던 게 그의 불찰이었다. 그는 이 경험을 통해 결혼의 맹세란 그저 빈말에 불과하고 서로 헌신하게 만드는 건 실질적인 행동이라는 사실을 배웠다.

대화를 하는 동안 그의 개인적인 고백에 자꾸만 내가 흔들리는 경향이 있었다. 그가 나에 대해 하는 말 때문이 아니라 그의 이야기를 듣다 보니 내 과거도 자꾸만 생각났기 때문이다. 최근 심각했던 관계에 대해서도 생생하게 떠올랐고 억지로 지우려 했던 불쾌한 기억도 자꾸 생각났다. 전 남자 친구 크리스가 날 침대로 밀치던 일, 그리고 소리치는 내 얼굴에 베개를 떠밀던 일. 또는 벗어나려는 나를 벽에 떠밀어서 고정시키고는 열쇠를 빼앗고, 나를 아파트 밖에 두고 문을 잠가버려 안에 들어가지 못하게 했던 일까지, 몇 년 만에 처음으로 이런 사건들에 대한 나의 반응도 기억이 났다. 나의 반응은 훌륭하지 않았고, 나는 완벽하지 않았다. 나는 이 모든 기억을 마음속 깊은 곳에 있는 상자 안에 쑤셔넣은 뒤, 헤어지고 난 이후 겪었던 좋은 기억들(학교로 다시 돌아가 커뮤니케이션 학위를 따고, 머나먼 곳에서 직장을 구하고, 빚을 갚고, 건강을 보살피고, 술을 끊은 기억) 뒤에 숨겨놓았다. 앤드루와의 대화 덕분에 나는 진실을 볼 수 있었다. 꼭 크리스에게만 책임이 있는 건 아니었다. 나 역시 크리스와의 관계 속에서 최악의 모습을 보여주었다.

그런 깨달음을 얻을 때마다 마치 앤드루가 내 앞에 거울을 들고 있는 것 같은 느낌이 들었다. 그는 대화를 통해 내 주변 사람들은 뻔히 알고 있었고, 나 스스로는 눈치채지 못하고 있었던 사실을 깨닫도록 도와주었다. 나 역시 앤드루처럼 갈등 상황이 오면 침묵해버리는 경향이 있었다. 나의 관심사와 의견도 너무 쉽게 포기해버렸다. 나는 내게 주어진 사랑이 무엇이든 그대로 받아들였고, 사랑받을 수만 있으면 좋은 거라고 생각했다. 그리하여 크리스와의 관계가 끝난 후, 나는 내 자신과 일에 집중할 수 있도록 의도적으로 싱글 생활을 선택했다고 스스로에게 말했다. 하지만 내 앞에 거울을 들고 있으니 억지로라도 진실을 볼 수밖에 없었다. 사실 난 이 모든 것을 다시 겪는 게 너무 두려운 나머지 데이트 생각을 아예 차단해버렸던 것이다. 친구들은 곁에 두었지만 남자들은 경계하며 높은 담을 쌓았다. 내게 데이트는 아예 선택 사항이 아니었다. 나 자신도 선택 사항이 아니었다.

내가 나 자신에 대해 깨닫는 동안 앤드루도 내 모든 것에 대해 알게 되었다. 하지만 그는 겁을 먹고 달아나지 않았다. 실제로 우리가 이렇게 깊은 대화를 하면서도 그는 오히려 계획을 세웠다. 우리는 함께 계획을 세웠다. 진짜 계획 말이다. 다음 6개월 동안 (6주에 한 번씩) 서로 방문할 수 있는 날짜를 정하고, (항공료는 비행기 타고 가는 사람이 내고 나머지 모든 비용은 집주인이 지불하는 등) 장거리 연애 비용을 어떻게 분담할지도 결정했다. 나는 매일매일 그가 그리웠지만 아무런 의심이 없었다. 이번 연애는 진짜 다를 것 같다는 느낌이 들었다.

난 노동절에 맞춰 그와 일주일을 함께 보내기 위해 비행기를 타고 날아갔고, 우린 누가 보면 몇 년 사귄 사람처럼 우리의 루틴에 돌입했다. 그는 요리를 하고 나는 설거지를 하며 부엌에서 시간을 보냈다. 같이 식료품 가게에 가면 부엌에 꼭 필요하지만 그가 적기를 까먹었던 품목을 내가 다 기억해놨다가 알려주었다. 우린 나란히 걸을 때마다 손을 잡거나 서로의 등을 어루만졌다. 소파 위에서 부둥켜안고 있는 모습은 마침내 짝을 만난 퍼즐 조각처럼 보였다. 모든 게 완벽한 것 같았다. '이번은 진짜 뭔가 다른 것 같아'라고 생각했다. 내가 떠나기 전날 밤까지만 해도.

그날 앤드루는 이상하게도 말이 없었다. 그는 내 다리를 베고 누워 두 팔로 나를 감싸는 익숙한 자세를 하고 있었다. 하지만 영화를 보면서도 아무 말을 하지 않더니,

영화가 끝나고도 그냥 침대에 기어들어 갔다. 그날 밤 우린 섹스를 하지 않았다. 그는 여느 때처럼 등 뒤에서 나를 껴안지도 않았고 날 자기 쪽으로 끌어당기지도 않았다. 그 대신 나에게 등을 돌린 채로 한쪽에 웅크리고 누워 있었다. 그게 그의 벽이었다. 그가 세워둔 벽. 갈등 상황을 마주하면 그는 확실히 다가가는 걸 불편해했고 입을 다물었다. 그리고 바로 지금 그와 나 사이에 벽이 생겼다. 난 똑바로 누워 천장을 보면서, 이 벽을 허물기 위해 내가 뭐라고 해야 할지 생각했다. '별일 없냐고 물어야 할까? 그냥 아무 말 없이 저 사람 옆에 붙어 있어야 하나? 그냥 내가 먼저 다가가서 섹스가 도움이 되는지 알아봐야 하나?' 난 두 번째 옵션으로 시작하는 게 좋겠다고 생각했다. 그러나 내가 뭔가 시도하기도 전에 그는 코를 골았다. 난 벽을 허물 기회조차 놓쳐버렸다. 그렇게 우린 서로 등을 돌리고 누웠다. 난 공처럼 동그랗게 웅크린 채로 눈물을 줄줄 흘렸다. 다른 사람과 같은 침대에 있으면서도 외로울 수 있다는 걸 그때 처음 알았다.

다음 날 아침 공항에 가는 길, 난 이 관계가 끝났다는 걸 알았다. 왜인지도 모르고 무슨 일이 있었는지도 몰랐지만 그냥 이게 끝이라는 건 알았다. 우린 일주일을 함께 보낸 연인처럼 보이지 않았다. 우리의 행동은 어색했고 우리의 대화는 콘퍼런스 후에 스몰 토크를 나누는 회사 동료 같았다. 그가 물었다.

"여기서 즐거운 시간 보냈어?"

"응, 와서 좋았어."

난 또 왈칵 눈물이 나올 것 같아서 혀를 깨물었다. 그에게 물어보고 싶은 게 많았지만 그의 대답이 무서워서 묻지 못했다. 또 한 번의 아픔을 겪어야 한다는 생각만으로도 충분히 마음 아팠고, 그도 그걸 알고 있었다. 나는 그에게 경계심을 늦추고 있었고, 그도 그걸 알고 있었다. 하지만 난 또다시 상처를 견딜 준비가 되어 있지 않았기에 입을 다물어버렸다. 다 큰 어른이 할 행동이 아니었지만 그렇게 해버렸다. 난 벽을 높이 쌓은 채 아무 말도 하지 않았다.

공항에 도착했지만 그는 벨트를 풀고 내려서 날 안아주지 않았다. 그저 몸을 숙여 입을 맞추기만 했다. 진심 어린 행동이 아니라는 게 느껴졌다. 난 서로를 보는 게 이번이 마지막일 수도 있다는 걸 직감하며 가방을 들고 작별 인사를 했다.

이후 몇 주 동안 앤드루와 나는 문자 메시지로 대화를 나누었지만 예전 같지 않았다. 매일 아침 나는 키스 이모지가 있는 그의 사려 깊은 메시지와 함께 눈을 뜨길 기도했지만 그런 건 없었다. 난 언제나 그의 일상, 그의 일, 그의 가족, 친구에 대해 자세하게 물어보았다. 그의 대답은 짧았고, 그 짧은 대답이 아예 대답이 없는 것보다 때론 더 가슴 아팠다. 그럼에도 난 너무 두려워서 뭐가 문제인지 물어보질 못했다. 그의 대답을 들을 준비가 되어 있지 않았기에 질문할 수가 없었다. 실제로는 존재하지 않는 관계, 문자 메시지로만 이어지는 관계 속에서 바쁜 여행 스케줄만이 나의 외로움을 잊게 해주었다.

앤드루의 집에서 나온 나는 상사의 결혼식 때문에 온타리오 주의 킹스턴으로 갔다. 그 직후에는 밴쿠버로 날아가, 내 차에 친구 케이시를 태우고 주말여행을 떠났다. 우리는 주간 고속도로 5호선을 타고 오리건주 포틀랜드로 갔다. 그리고 마치 죽기 전 해야 할 일 위시리스트를 실천하는 사람들처럼 3일 내내 커피를 마시고 밥을 먹고 레스토랑을 찾아다녔다. '스텀프타운'에서 커피를 마시고, '테이스티 앤 알더'에서 브런치를 먹고, '폭폭'에서 저녁을 먹고, '솔트 앤 스트로'에서 아이스크림을 먹었다. 정말로 우리가 그 주말에 죽었더라면 빵빵한 배에 미소 가득한 얼굴로 죽을 수 있었다. 거기에 더해 내 손에는 휴대폰이 들려 있었을 것이다. 앤드루가 다시 평소처럼 문자 메시지를 보낼까봐 휴대폰에서 손을 놓지 못했기 때문이다. 난 내가 이런 입장인 게 싫었다. 허송세월하며 남자나 기다리고 있는 여자가 되는 게 싫었다. 하지만 난 그의 메시지를 기다리고 또 기다리며 계속 휴대폰을 확인했다. 그러나 끝까지 오지 않았다.

  케이시와 포틀랜드 여행을 하고 돌아온 지 이틀째 날, 난 다시 공항으로 차를 몰고 갔다. 그리고 콘퍼런스 참석을 위해 비행기를 세 번 갈아타고 뉴올리언스로 갔다. (캐나다 서부 해안에 살아서 안 좋은 점은 어디로 가든 늘 비행을 여러 번 해야 한다는 점이다.) 나는 무사히 도착했다는 걸 알리기 위해(앤드루가 원해서), 그리고 우리가 같은 시간대에 있는 걸 알리기 위해 문자 메시지를 보냈다. 그의 대답은 따뜻했고, 우리의 대화도 길게 이어졌다. 결국 난 통화를 해도 되는지 물어보았고 그도 좋다고 했다. 하지만 온화한 분위기도 잠시, 그는 다시 냉담해졌고 나도 더 이상 참을 수 없었다. 서로 쌓아놓았던 벽을 허물어야 했다.

"도대체 왜 그러는 거야? 왜 그렇게 거리를 두는 건데?"

그는 단순한 몇 문장으로 대답했다. 그의 집을 떠나기 전날 밤부터 느끼고 있던 그대로였다. 그는 심각한 관계를 원하지 않는다고 했다. 이미 몇 주 동안 느끼고 있던 거지만 실제로 그 말을 들으니 충격이 어마어마했다. 뉴올리언스에 도착한 나는 꼬박 하루 동안 호텔 방 침대 안에서 나오지 않았다.

그리고 마침내 침대 밖으로 나왔을 때, 나는 전 세계에서 온 좋은 친구들과 새로운 도시에 있다는 사실에 감사했다. 콘퍼런스 관련 회의와 활동 중간중간에, 우린 프렌치 쿼터에서부터 루이 암스트롱 공원까지 산책을 했다. 우린 아침에 '카페 뒤 몽드' 야외 자리에서 커피를 마시며 튀긴 도넛인 베네를 잔뜩 시켜 먹고 하얀 설탕 가루를 테이블에 잔뜩 남겨놓은 채 나왔다. 점심은 '센트럴 그로서리 앤 델리'에서 무플레타를 먹고, 저녁은 잠발라야와 포보이를 먹었다. 그리고 당연히 밤에는 버번 스트리트에서 재즈를 듣고 또 들었다.

뉴올리언스에 있다는 것, 그리고 친구들과 함께라는 것이 고맙기는 했지만, 내 고통을 잊을 정도로 오랫동안 집중하지는 못했다.

난 끊임없이 내 기분을 좋게 만들어줄 무언가, 내가 짊어지고 있는 짐을 가볍게 만들어줄 무언가를 원하고 있었다. 종종 그 '무언가'는 내가 뭘 살 수 있는지 생각하는 것이었다. 상처를 받으면 원래 그렇게 된다. 상처만 해결하는 게 아니라 인생 전반의 다른 문제, 심지어 전혀 문제가 아닌 것들까지도 해결하려 하게 된다.

우선 데일리 플래너부터 시작했다. 몇 년간 제대로 사용해본 없는 물건이었다. 처음엔 열의에 차서 샀다가 1월 첫 3주 동안 사용하고는, 5월쯤엔 까먹어버리는 그런 것이었다. 그때쯤 플래너를 집어 들고 '이런, 또 돈을 낭비했네. 1년이 거의 반이나 갔는데 이제 와서 다시 시작해봐야 소용없겠지'라고 생각하며 치워버렸다. 성인이 된 나는 늘 데일리 플래너와 이런 관계를 맺고 있었다. 하지만 뉴올리언스에서 돌아와 새출발을 갈망하고 있던 그때는 데일리 플래너가 필요했다. 정말로 꼭 있어야 했다. 그리고 내가 고른 게 특히나 완벽한 플래너였다! 개인적인 업무와 일적인 업무에 대해 메모할 수 있는 공간이 충분했고, 동기 부여를 돕는 인용문도 있었으며, 뒤쪽에는 읽고 있는 책에 대해 기록할 수 있는 백지도 있었다. 게다가 18개월짜리 플래너였기 때문에 당장 시작해도 2015년 말까지 쭉 쓸 수 있었다. 완벽했다, 마치 나를 위해 만들어진 것 같았다.

그다음엔 내가 내 옷을 얼마나 싫어하는지 알아차렸다. 모든 옷이 다 오래되고 추레하게 느껴졌고, 그걸 입은 나도 늙고 추레하게 느껴졌다. 집 근처를 돌아다니거나 식료품 가게에 드나들며 보는 여자들이 나보다 훨씬 더 근사해 보였다. 그들은 행복해 보였다. 반면 나는 늙고 추레해 보였다. 난 나를 더 근사하게 해줄 옷을 찾아 온라인 스토어를 훑기 시작했다. 나는 좀 더 어른스러워 보이는 셔츠, 청바지가 아닌 다른 바지를 찾았다. 그때까지 매일 청바지만 입고 다녔으니 얼마나 전문가답지 않게 보였을까, 앞으로는 원피스도 입어야겠다. 난 원피스를 한 번도 손대지 않았었다. 하지만 원피스를 입은 여자들은 무척 귀여워 보였고, 원피스 자체가 단순하면서도 근사해 보이는 옷이었다. '와, 이것 봐! 이 엠파이어 웨이스트 원피스, 내가 입으면 너무 잘 어울릴 것 같아. 다른 색으로 두 벌을 사야겠어.'

플래너와 옷 다음으로는 책을 꾸준히 사야겠다고 생각했다. 아침마다 커피 마실 때 쓰면 좋을 핸드메이드 머그잔도 떠올랐다. 러그도 부엌에 깔면 발이 따뜻할 것 같았다. 요리사용 칼도 필요했다. 지금까지 예리한 칼 한 자루 안 가지고 있었다니, 어떻게 칼 없이 요리를 하겠어? 그다음 가장 큰 문제는 휴대폰을 교체하는 일이었다. 원래 휴대폰은 너무 오래되고 느린데다 가끔 저절로 꺼져버려 쓸데없는 분노만 키웠다. 난 휴대폰이 **필요했다**. 휴대폰을 바꾸면 일상적인 짜증이 사라지고 내 삶이 훨씬 나아질 것 같았다. 나는 훨씬 나은 삶을 누릴 자격이 있었다. 나는 휴대폰 판매 사이트 장바구니에 새 휴대폰을 담고 총액을 확인하고 나서야 지금 무슨 일을 벌일 뻔했는지 깨달았다. 이 버튼 하나만 누르면 나는 무언가를 사게 되고 그러면 쇼핑 금지령을 어기게 된다. 스스로에게 내린 금지령은 수백, 수천 달러를 허투루 쓰는 일을 막아줄 뿐만 아니라, 잠깐 멈춰서 내가 지금 뭘 하고 있는지 질문하게 만들었다. 예전엔 한 번도 이런 적이 없었다. 특히 이별 후엔 말이다.

그리하여 나는 그달에 사고 싶었던 물건 중 아무것도 사지 않았다. 나는 장바구니를 비우고 브라우저의 탭을 닫고, 단 하나의 물건도 구매하지 않았다. 만약 과거의 나라면 샀을 것이다. 아니, 과거의 나는 샀다.

크리스와 헤어진 지 거의 6년이 지났다. 우리의 관계는 몇 개의 단어로 묘사할 수 있었다. 파란만장하고, 소란스럽고, 불량했다. 우린 둘 다 술, 마약, 그리고 서로를(감정적으로, 언어로, 신체적으로) 남용하는 중독자들이었다. 상황이 얼마나 나쁜지 파악하기까지 오랜 시간이 걸렸다. 왜냐하면 모든 남용 안에는 수많은 애정과 약속이 있었기 때문이다. 우린 서로의 불안함을 자극하고, 격정적으로 말다툼을 하다가 또 바로 사과하고, 상대를 향한 깊고 다정한 사랑을 표현했다. 나는 이런 관계가 건강하지 않다는 것을, 그리고 오래 갈 수 없다는 것을 알고 있었다. 하지만 내가 헤어짐을 생각할 때마다 크리스는 용서를 빌었다. 더 잘하겠다고 약속했고, 자신이 더 도움이 될 방법들을 열거했으며, 헤어지지 않기 위해서라면 뭐든 하겠다고 말했다. 내가 그를 진심으로 믿었던 적이 있는지는 모르겠지만, 믿고 싶기는 했다. 나는 우리만의 특별한 언어, 우리가 세웠던 계획, 아무리 상황이 나빠져도 왠지 시들해지지 않는 우리 사이의 육체적 끌림을 생각했다. 나는 그가 도와줄 거라는 말을 믿고 싶었고, 그래서 그를 용서했다. 또 그 반대 상황에선 그가 나를 용서했다. 우리는 서로를 용서했다. 그리고 2~3주 후, 우린 또 싸웠다. 난 또 헤어짐을 생각했고, 이 과정이 처음부터 다시 반복됐다.

 마찬가지로 나의 금주 시도도 열 번 넘게 이어졌다. 적어도 크리스와의 관계에서 벗어나기 위해 시도했던 것만큼 금주도 시도했다. 크리스와 나는 결국 헤어졌고, 나는 아파트를 얻어 생애 처음으로 혼자 살게 되었다. 난 열여덟 살 때 처음 부모님 집에서 나와 독립했지만 늘 룸메이트가 있거나 남자 친구와 같이 살았다. 내 집엔 (가끔 무료로 얻기도 한) 중고 가구와 가족과 친구들에게 선물 받은 물건들로 가득했다. 강박장애가 있어서 억지로 줄을 세우고 말끔하고 단정하게 보관하긴 했지만, 물건들이 어떻게 보이는지, 그게 어디에서 왔는지, 서로 어울리는지 등의 문제에는 전혀 관심이 없었다. 하지만 이번엔 달랐다.

과거엔 특별한 이유가 있어서 이사를 나왔다. 부모님으로부터 독립하기 위해, 월세를 아끼기 위해. 내 생활 방식과 더 잘 맞는 룸메이트를 구하기 위해. 하지만 크리스와 헤어지고 난 후 나는 날 위한 새로운 생활 방식, 크리스가 포함되지 않은 생활 방식을 새롭게 설계해야 했다. 지금 막 빠져나온 그 관계와는 완전히 정반대의 모습으로 꾸미고 싶었다. 난 평화와 고요, 편안함을 원했다. 집에 있는 것 같은 느낌을 원했다. 그래서 나는 내가 간절하게 원하는 평화롭고 고요하며 편안한 집을 만들기 위해 도움이 될 수 있는 일을 했다. 바로 '쇼핑'이다.

처음 들어간 가게에서 난 1,300달러^{169만 원}를 주고 거실에 놓을 부드러운 초록색 극세사 소파를 최신형으로 구매했다. 그리고 700달러(91만 원)를 들여 검은색 커피 테이블, 사이드 테이블, 책장, 거울을 샀다. 또 책과 자질구레한 장식품으로 책장을 채웠다. 자잘한 것들이었지만 모두 값비싼 가게에서 '나를 사가!'라고 소리 지르던 엄선된 물건들이었다. 마음에 드는 그림도 사서 걸었다. 같이 사는 사람의 의견 같은 건 걱정할 필요가 없었다. 그리고 완전히 새로운 침구를 나 스스로에게 선물했다. 내 침대는 밤마다 찾아갈 나의 안식처, 안전한 공간이었기 때문이다. 나는 채 일주일도 안 되는 기간에 3,000달러(390만 원) 이상을 썼다. 그리고 거기서 끝이 아니었다.

가구와 더불어 지금이 옷장의 옷들을 싹 교체하기에 적기라는 생각이 들었다. 두세 달 후, 나는 무려 15,000달러(1,950만 원)짜리 신형 자동차를 할부로 구매했다. 차를 살 수밖에 없었던 이유가 아직도 잊히지 않는다. 크리스와 내가 만난 지 얼마 되지 않았을 때, 내가 고등학생 때부터 몰던 자동차, 나의 '록시'가 고장 나고 말았다. 그런데 수리비가 록시 가격에 비해 너무 높게 나왔다. 그런 와중에 크리스가 자기에게 트럭이 한 대 있으니 언제든 쓰라고 이야기했다. 난 크리스를 믿고 록시를 수리하지 않기로 했다. 그리하여 록시에게 작별을 고하고 그녀를 '자동차의 천국'(폐차장)으로 보내주었다. 그 후 크리스의 제안이 조건부였다는 사실을 깨닫는 데에는 그리 오래 걸리지 않았다. 그의 트럭은 내가 기름을 가득 채워줬을 때만 사용할 수 있었다. 또한 한두 시간 정도 짧게 외출할 때만, 그리고 남자 사람 친구를 만나러 가는 게 아닐 때에만. 그 마지막 이유 때문에 그는 내가 집에 돌아오면 나를 질책하곤 했다. 마치 화부터 내면 내 죄를 고백하게 할 수 있을 거라고 생각했던 것 같다. 그리하여 마침내 혼자 살게 된 나는 차가 필요했다. 아무런 조건 없이 쓸 수 있는 차가 필요했다.

"자동차가 있어야 자유도 있는 거야."

나는 내 이야기를 들어줄 사람만 있으면 누구에게라도 거듭 반복해서 말했다. 그것이 내가 원하는 것이었다. 바로 자유로워지는 것.

3개월 만에 나는 새로운 삶을 꾸렸다. 나에겐 아파트가 있었고, 그 안에는 아파트에 어울리는 가구가 가득했으며, 새 옷으로 가득한 옷장, 그리고 신형 자동차가 있었다. 겉에서 보면 완벽해 보였다. 이걸 완성하는 데 3개월밖에 걸리지 않았다. 난 드디어 자유로워졌다. 하지만 실제로 난 자유롭지 못했다. 이 새로운 삶에 거의 20,000달러에 가까운 비용이 들었기 때문이다. 모두 신용카드로 지불했기에 모든 빚은 내 것이었고, 이 짐을 몇 년 동안 짊어져야 할 상황이었다. 나는 자유로워지길 원했지만, 돈으로부터는 전혀 자유롭지 못했다.

앤드루와의 이별은 2008년 크리스와 겪었던 이별과는 비교할 수가 없었다. 우리 관계는 더 짧았다. 그리고 파란만장하지도, 소란스럽지도, 불량하지도 않았다. 게다가 몇 달 동안 결정을 내리지 못하고 망설이며, 한 사람이 이제 더 이상은 안 되겠다며 백기를 들 때까지 계속해서 서로를 이용하거나 남용하지도 않았다. 이론적으로 두 이별은 비교가 되지 않았다. 하지만 그래도 여전히 아팠다. 나는 마침내 경계심을 늦추고 한 남자가 나를 선택지로 보게끔 만들었다. 나 자신도 데이트라는 걸 다시 선택지로 보게끔 만들었다. 하지만 앤드루에겐 더 이상 내가 선택지가 아니었다. 그리고 그게 마음 아팠다.

크리스 때는 얼마나 아팠었는지 기억이 나지 않는다. 당시에는 나 스스로에게 무감각했다. 슬픔을 먹을 것으로 해소하고, 공허함을 물건으로 채우는 데에 무감각했다. 그리고 새 아파트에서 숱하게 파티를 열고 술을 마시며 외로움을 달래는 데에도 무감각했다. 난 아무것도 느끼지 않았다. 나 스스로 무언가를 느끼게 두지 않았기 때문이다. 무언가 피부를 찌르거나 쏘는 느낌이 들어도 난 곧바로 전화기를 들어 같이 술 마실 친구를 초대했다. 난 끊임없이 이런 방식의 연고를 발랐고, 결국 문제는 절대 치유되지 않았다. 하지만 그렇다고 감염이 되지도 않았다. 난 앤드루와 헤어지고 나서야 나에게 이런 패턴이 있다는 걸 깨달았다. 이번엔 스스로에게 무감각할 수가 없었다. 나는 고통스러운 감정 하나하나를 모두 경험해야만 했다.

한 달 내내 여행을 하고 마침내 집에 돌아온 나는 그냥 그렇게 살았다. 밤이 되면 실제로 뼈마디가 욱신거릴 정도로 외로움을 느끼면서도 곧장 잠자리에 들었다. 아침이 되면 일상적인 루틴을 시작하면서 조만간 이 감정도 원상태로 돌아올 거라고 내 자신을 다독였다. 한 번도 사용하지 않은 욕실용품, 한 번도 입지 않은 옷을 버리며 주변을 정리했다. 첫 번째 대청소 후에 다시 생긴 것들이었다. 나는 내 공간 안에서 더 편안함을 느끼게 되었고, 아파트 안 곳곳의 물건들을 좀 더 기능적으로 배치하기도 했다. 주말에는 친구들과 하이킹을 갔다. 그냥 계속 살았다. 이런저런 것들을 느끼면서 계속해서 살았다. 음식이나 술로 나를 마비시키지 않았다. 그리고 쇼핑도 하지 않았다. 해봤자 도움이 되지 않을 것이기 때문이다. 쇼핑은 실제로 예전에도 도움이 된 적 없었고, 이번에도 역시나 마찬가지일 것이다.

나는 쇼핑 금지령 후 첫 석 달을 잘 견뎌냈고, 이 사실을 블로그에 알렸다. 하지만 정말로 축하해야 할 일은 이것이 아니었다. 정말 축하해야 할 일은 내가 무언가를 느끼고 있다는 것, 계속해서 살아나가고 있다는 것이었다.

PART
04

10월:
성장하기 그리고 멀어지기

금주: 21개월째
저축 비율: 23%
정리한 물건 비율: 50%

　10월 초, 나는 아파트의 모습을 있는 그대로 사진을 찍고 7월 첫 대청소 후에 찍었던 사진과 나란히 붙여놓았다. 두 사진의 차이는 기껏해야 몇 가지뿐이었다. 옷장 안의 옷은 더 줄었고, 책은 더 기부했으며, 몇 가지 물건들의 위치를 바꿨다. 종이 위에 또 종이를 꽂는 등 게시판이 다소 복잡해 보이기는 했지만 다른 건 기본적으로 똑같았다. 지금 집이 어떤 모습인지 보여줄 수 있느냐, 잡동사니 처리가 효과가 있었는지 설명해줄 수 있느냐 묻는 사람들이 몇몇 있었던 탓에 나는 그 사진들을 블로그에도 공유했다. 그 게시물로 독자들은 내 아파트를 구경할 수 있었고, 나의 노력이 효과가 있었다는 것도 보여줄 수 있었다. 나의 아파트는 어수선한 것들이 일절 없었다. 모든 것에 제자리가 있었고 모두 나란히 줄 서 있었다. 나는 기쁘게 이 사진을 공유했고, 독자들 대부분도 사진을 보고 기뻐했다. 하지만 몇몇은 달랐다.

나에게는 블로그를 운영하며 꼭 지키려고 노력하는 규칙이 두 가지 있었다. 첫 번째는 누구라도 시간을 내어 댓글을 달고 자신들의 경험을 내게 공유하면, 나 역시 시간을 들여 대댓글을 달아준다는 것이었다. 예전 게시물에 달리는 새 댓글에는 일일이 대댓글을 달지 못할 때도 있지만, 최근 게시된 글에 댓글이 달리면 최선을 다해 그 답을 달았다. 내가 이렇게 하는 이유는 댓글을 달아주는 사람들의 시간을 존중하기 때문이다. 동시에 이 공간에서 우리가 나누는 대화들이 너무 좋은 데다가 이 세계에서 우리가 만들어가는 모든 관계가 너무나 감사해서이기도 하다.

내가 늘 지켰던 두 번째 규칙은 한 콘퍼런스에서 들었던 말로, 블로그는 민주주의가 아니라는 것이다. 블로거는 어느 정도까지 대화를 제한할 수 있고, 또 해야만 한다. 이는 블로거의 의견에 이의를 제기하거나 생각할 거리를 주는 댓글을 삭제해도 된다는 뜻은 아니다. 실제로는 이런 것들이 최고의 댓글이 될 수도 있다. 사람들의 마음을 열게 만들고 시야를 확장할 수 있게 만들어주기 때문이다.

하지만 인터넷 트롤들의 댓글은 삭제해야 한다. 인터넷을 돌아다니며 같이 논쟁할 사람들을 찾아다니는 게 유일한 목적인 인터넷 트롤은 그 이름에서도 알 수 있듯이, 익명 뒤에 숨어 있다가 애써 자신의 댓글에 대댓글을 달며 반격하려는 블로거를 발견하면 신이 나서 달려들며 즐거워한다. 내 블로그 게시물을 둘러보다 보면 트롤이 거의 보이지 않아서 참 좋겠다고 생각할 것이다. 그건 사실이 아니다. 실제로는 굉장히 많다. 다만 내가 그런 댓글들이 내 공간을 침범하지 못하도록 막고 있었을 뿐이다. 나는 브레네 브라운이 리뷰를 읽지 않는 것과 같은 이유로 트롤의 댓글을 삭제한다. 브레네 브라운의 말처럼 그런 리뷰는 일에 도움이 되지 않기 때문이다. 다만 그녀의 경우와는 달리 어떤 댓글을 삭제해야 할지 구분하기 위해서는 일단 그 댓글을 읽어야 하는 게 문제다.

그 주에 들렀던 트롤들에 따라 나와 아파트에 대한 의견도 제각각이었다. 어떤 사람은 내가 잡동사니들을 뒤에 숨겨놓고는 조작된 사진을 찍었다고 했다. 또 어떤 사람은 내 집이 삭막한 걸 보니 나 역시 삭막한 사람일 것 같다고 했다. 하지만 대다수는 나의 조그만 옷장을 걱정하는 듯했다. 특히 데이트할 때 입을 제대로 된 옷도 하나 없을 것 같다고 했다. "지난달에 차였다더니 그럴 만했네"라는 댓글도 달렸다.

어안렌즈로 찍은 아파트 사진을 대댓글로 보여준다고 해서 내 사진이 조작된 것 같다는 첫 번째 사람을 납득시킬 수 있을까? 내 집이 삭막하다는 두 번째 사람에게 요즘 어느 때보다 집에서 편안함을 느낀다고 설명한들 도움이 될까? 데이트에 적합해 보이는 옷을 다 꺼내서 차려입고 사진을 찍는다 한들 그게 우리에게 무슨 의미가 있을까? 이전에도 수많은 트롤이 댓글을 달았지만 저 댓글은 정말 쓰라렸다. 앤드루와 헤어진 게 너무 최근이었기 때문이다. 그리고 불과 며칠 후 친구에게서도 비슷한 이야기를 듣자 그 쓰라림은 한층 더 심해졌다.

당시 그녀는 알게 된 지 얼마 안 된 친구였다. 그리고 딱히 좋은 친구도 아니었다. 좋은 친구를 함께 많은 시간을 보낸 사람 혹은 깊고 어두운 비밀까지도 믿고 말할 수 있는 사람이라고 정의한다면 말이다. 하지만 그녀가 하는 말이 상처가 될 정도로 친한 친구이기는 했다. 그녀는 트롤들이 댓글을 달았던 그 게시물을 읽고서 내게 전화를 걸었다. 그리고 내 아파트가 그렇게 깨끗하게 정돈되어 있는 게 믿기지 않는다며 "나 진짜 충격 받았잖아!"라고 외쳤다. "우리 집도 다음에 그렇게 만들어줄 수 있어?" 우리는 그녀의 집에서 가장 문제가 되는 장소들에 대해 이야기를 나누었다. 그녀의 책상은 건드리고 싶긴 하지만 시간이 없어서 못 하고 있는 각종 프로젝트와 서류로 뒤덮여 있었다. 현관 벽장은 천장까지 들어찬 신발 상자 때문에 빈틈이 없었다. 한때 신발에 많은 돈을 썼지만 지금은 신지도 않고, 1년에 겨우 한 켤레를 사는 정도라 했다. 그리고 옷장. "옷장은 말 그대로 꽉 찼어. 어디에서부터 손을 대야 할지도 모르겠어." 내가 웃거나, 제안을 하거나, 어떤 방식으로든 반응을 하기도 전에 그녀가 한 마디를 더 얹었다. 그 말은 자신의 잡동사니를 어떻게 다룰 것인지에 대한 개인적인 한계를 설정하는 방법이기도 했지만 동시에 내 마음에 깊은 상처를 내는 발언이기도 했다. "그래도 내 옷장이 네 옷장처럼 변하는 건 싫어. 네가 가진 옷으로는 절대 남자도 못 만날 거 아니야!"

여기서 내가 크게 깨달은 게 있었다. 그건 친구의 말이나 트롤의 댓글 내용 때문이 아니었다. 나는 줄곧 몇 개 안 되는 옷을 돌려 입는 사람이었고, 그런 것들이 내가 데이트를 할 능력 또는 내가 데이트할 가치가 있는 사람처럼 보이게끔 하는 능력에 영향을 끼친 적이 없었다. 바꿔서 말하면 내가 데이트한 남자들에게도 마찬가지였다. 그들이 무얼 입든 (정말로 무얼 입든! 솔직히 아무리 애를 써도 나의 전 남친들이 뭘 입었었는지 떠오르지 않으니까) 그게 그들에 대한 내 생각에 영향을 끼치지는 않았다. 그 대신 친구와 트롤들의 그런 발언들 때문에 예전에 숱하게 겪었던 순간들이 떠올랐다. 확실히 의견을 피력하고 주장을 해야 할 때에 아무 말 못 하고 참기만 했던 순간 말이다. 난 이렇게 말하고 싶었다.

"난 네가 뭘 입든 상관 안 해. 그런데 너는 왜 내 옷에 신경 써?"

하지만 실제로는 아무 말도 못 했다. 난 늘 아무 말도 못 했었다.

스물네 살 때 나는 육류를 그만 먹고 채식 위주 식단을 하기로 결심했다. 이 결심이 겨우 4년밖에 못 가고 다시 고기를 좀 먹는 생활로 돌아가긴 했지만, 그 4년 동안 같이 밥을 먹는 모든 사람에게 계속해서 내 사정을 설명해야 할 것 같은 기분을 느꼈다. 내 주변 사람들은 대부분 내가 채식주의자가 된 게 불편한 듯 행동했다. 마치 내가 내 입에 소고기, 돼지고기, 닭고기, 생선을 집어넣지 않는다는 사실이 자신들의 식습관에도 영향을 끼치는 것처럼 굴었다. 바비큐를 파는 식당에 갈 때마다 나는 베지버거와 당근, 후무스를 주문할 준비가 되어 있었다. 그런데 같이 간 사람은 포장된 생고기를 내 얼굴 앞에 들이밀며 이렇게 묻곤 했다. "이거 먹고 싶지 않아?" 그럴 때마다 난 웃으며 상황을 무마했다. 하지만 실제로는 늘 이렇게 말하고 싶었다.

"난 네가 고기 먹는 거 상관 안 해. 그런데 왜 너는 내가 안 먹는 걸 신경 써?"

그렇지만 실제로는 아무 말도 못 했다.

금주를 결심했을 때도 똑같았다. 고기를 포기하는 것과는 달리 이건 확실히 정해진 결정이었다. 그리고 내가 술을 끊은 후 마음과 몸, 정신 모든 측면에서 더 행복하고 건강해진 걸 눈으로 확인했기 때문에 대부분은 별다른 질문을 하지 않았다. 하지만 여전히 하는 사람도 몇몇 있었고, 그들의 질문에 큰 상처도 받았다.

"너 술 마시면 진짜 재밌었는데." (그럼 지금은 지루하다는 뜻인가?)

"오늘밤에 우리랑 같이 술 마시면 좋겠다. 부담 갖진 말고!" (그래, 하나도 부담 안 가져.)

"그럼 우리 이제 술 취해서 섹스하는 것도 끝인 거야?"

마지막은 잠깐 데이트했던 남자가 한 말로, 취한 채 하는 섹스가 즐거운 경험이었던 적도 없는데 저런 소리를 했다. 파티에서 날 '술 끊은 애'로 소개하는 사람도 있었고, 같이 건배하자며 샴페인 한 잔을 건네고는 "한 모금만 해봐. 별일 아니잖아!"라고 하는 사람도 있었다. "진짜 다시는 술 안 마실 거야?"가 내가 제일 대답하기 싫은 질문이었고, 두 번째로 싫은 질문이 채식주의자 때 들은 "이거 먹고 싶지 않아?"였다. 물론 먹고 싶었다. 사람이든 물건이든 14년 동안이나 관계를 맺었으면 언제든 다시 떠오르는 게 당연하지 않겠는가? "그만 좀 물어봐!" 난 그들에게 이렇게 소리를 지르고 싶었.

"난 네가 술 마시는 거 상관 안 해. 그런데 왜 너는 내가 안 마시는 걸 신경 써?"

때로는 간단하게 "아니"라고 대답하는 것만으로도 충분할 때가 있었다. 하지만 그렇지 않을 때가 더 많았고, 그럴 때마다 나는 그냥 아무 말도 하지 않았다.

어쩌면 쇼핑 금지령을 내렸을 때 너무 안이하게 생각했던 것 같다. 고기와 술을 끊었을 때 겪었던 걸 똑같이 겪게 될 줄은 상상도 못 했다. 쇼핑에 관해서는 사회적 상황이 훨씬 평탄해 보였다. 넘어야 할 산이 얼마 없어 보였다. '내가 내 물건을 버리고 새로운 걸 사지 않겠다는데 왜 다른 사람들이 신경을 쓰겠어? 이건 나 말고 다른 사람들에겐 영향을 끼치지 않아.' 아, 나는 얼마나 안 일했던 건가.

나의 보잘것없이 작은 옷장을 놀렸던 친구 말고도, 끊임없이 쇼핑 금지를 포기하고 같이 아웃렛에 가자고 꾀던 친구도 있었다. 두 차례 아웃렛에 동행한 적도 있지만, 두 번 다 파티에서 혼자 멀쩡한 사람이 된 느낌이 들었다. 일 때문에 토론토에 갔을 때 회사 동료들도 쇼핑 금지가 어떻게 되어가고 있냐고 물으며 날 미친 사람처럼 쳐다봤다. 동료들의 책상 옆을 지나다 보면 다들 하나같이 컴퓨터 화면에 온라인 쇼핑 웹사이트를 띄워놓고 있었다. 그런 그들이 내게 이렇게 말했다. "저는 그런 거 안 해서 다행이에요."

나는 심각하게 생각하지도 않는 소비를 두고 나 대신 열심히 정당화하는 친구들도 있었다. "그 정도는 살 자격이 있지." "열심히 일했잖아!" "한 번 사는 인생이잖니!(You only live once!)" 나는 저 뻔한 말의 약자, 욜로 YOLO가 싫었다. 흥청망청 신용카드를 긁었다가 그 탓에 큰 빚을 지는 친구들을 너무 많이 보았다. 할 수만 있다면 신조어 목록에서 지워버리고 영영 잊히게 만들고 싶은 표현이 바로 욜로, 그리고 "스스로에게 주는 선물"이었다. 물론 즐길 줄 알아야 한다. 하지만 즐기기 위해 예산을 초과하거나 빚을 지라는 뜻은 아니다. 빚에는 재밌는 구석이 하나도 없다. 그건 내가 너무 잘 안다.

이 모든 상황에서 난 친구들에게 한 번도 화를 낸 적이 없다. 친구들과 함께 쇼핑을 가든, 나 혼자 쇼핑을 하든, 단순히 돈을 쓰며 즐기든 친구들을 탓할 수는 없었다. 살아가면서 겪게 되는 수많은 상황 속에서 그들은 이런 식으로 행동해야 한다고 배웠고 또 그대로 했을 뿐이었다. 나의 경우엔 술 한 잔을 더 건네며 밤새 외박을 하자고 부추기는 친구들이 있었다. 약을 좀 해야 더 늦게까지 깨어 있을 수 있다고 제안하는 친구들도 있었다. 기분 좋게 운동은 건너뛰고 그 대신 큼지막한 피자나 나눠 먹자던 친구들도 있었다. 이젠 나 자신을 위해 무언가를 사야 하는 이유를 정당화해주는 친구들도 생겼다. '무엇을 소비하는가'는 달랐지만 시나리오는 늘 같았다. 그리고 역할이 뒤바뀐 적은 없었다고는 말하지 못할 것 같다.

이와 관련해 특별한 기억은 없다. 예전 자신의 모습 중 기억하고 싶지 않은 게 있으면 일부러 기억을 지워버리듯, 나 역시 그런 기억을 지워버렸기 때문이리라. 하지만 나도 친구들에게 그들이 지키던 규칙을 깨고 같이 나쁜 짓을 하자고 꾀었던 때가 많았을 거라고 확신한다. 내가 그랬다는 걸 **나도 안다**. 그게 원래 중독자들이 하는 짓이기 때문이다. 서로 영향을 주고받는 무리 안에서 사람들이 서로에게 하는 짓이기도 했다. 수년 동안 나는 수십 명의 사람들을 친구로 사귀면서 그들을 따로 분류했다. 같이 술 마시는 친구, 같이 약을 하는 친구, 같이 정크푸드를 먹는 친구, 같이 쇼핑하는 친구. 포장 음식을 폭식하려고 친구들과 집에 모인 자리에서 술 마시는 친구들을 초대하는 일은 매우 드물었다. 가끔은 같은 사람들과 대마초도 피우고 정크푸드도 먹기는 했지만, 그건 두 세계를 같이 통합해도 될 만큼 서로 가까워졌을 때의 일이었다. 그리고 한 세계에 속해 있는 사람들은 모두가 서로에게 나쁜 영향을 끼친다는 점에서 서로에게 죄책감을 느꼈다.

내 친구들의 입장에서 문제점은 바로 내가 이 세계를 떠나버린 최초의 인물이었다는 것이다. 난 스물셋에 강한 마약을 끊었고, 스물다섯에 대마초도 끊었다. '안녕,

마약의 세계야. 다시는 보지 말자.' 그리고 스물일곱에는 술까지 끊었고 그 세계에서도 발을 뺐다. 몸에 나쁜 음식을 입에도 대지 않았다고는 말할 수 없지만, 더 건강해질수록 내 몸에 들어오는 것들에 대해 더 자각하게 되는 것은 사실이었다. 결국 나는 폭식을 끊었고 떠들썩하게 먹으려고 집에 친구들을 초대하는 것도 그만두었다. 마약, 술, 폭식이라는 세 가지 세계는 완전히 분리되어 분리되어 있었지만 매번 그 세계를 빠져나올 때마다 친구들이 내게 퍼붓는 말들은 마치 짠 듯이 똑같았다. 처음은 농담, 다음은 정당화, 좋았던 시절의 상기, 그리고 다시 돌아오라는 애원.

다만 쇼핑을 그만둘 때는 아무도 신경을 쓰지 않을 줄 알았다. 하지만 친구들은 뭔가 언급하기 시작했고 그래도 친구들에게 절대 화를 내진 않았다. 내가 그들을 떠났다는 건 사실이었고 나 역시 그걸 알고 있었기 때문이다. 난 쇼핑의 세계에서 우리의 우정을 결속해왔던 우리만의 규칙과 의식을 깨버렸다. 우린 더 이상 동시에 뭔가를 산다는 기쁨을 누릴 수가 없었고 각자 알고 있는 할인 방법, 싸게 사는 팁 같은 것도 공유할 수 없게 되었다. 나는 술이 우리 문화에 깊이 뿌리박혀 있고 거의 모든 만남에서 주요 화두가 된다는 점은 이미 알고 있었다. 하지만 쇼핑하기와 돈 쓰기 역시 우리의 결속력에 이렇게나 큰 역할을 하는 줄은 미처 알지 못했다. 역시 내가 안일했다. 그래서 나는 친구들에게 화를 낼 수가 없었다. 내 친구들 입장에서는 우리의 가장 흔한 대화 주제 중 하나였던 분야에서 나만 쏙 빠져나간 것처럼 느껴질 것이기 때문이다.

시간이 갈수록 점점 더 많은 친구들이 내 앞에서 자신의 쇼핑 무용담을 털어놓지 못한다는 걸 깨달았다. 마치 어린 아이들 앞에서는 욕을 하지 못하는 것과 같은 느낌이었다. 친구들은 쇼핑 이야기를 하기 전 이렇게 말하곤 했다.

"미안, 케이트, 이제 할 이야기는 네가 관심이 없을 것 같네."

'그럼 내가 귀를 막을까? 아니면 저 구석에 가서 앉아 있을까?' 어떤 친구들은 돈 쓰는 일이 관련돼 있으면 나를 아예 초대하지도 않았다. 친구들은 나의 실험에 대해 혼란스러워했고, 내가 쇼핑을 할 수 없으니까 저녁을 먹으러 나갈 수도 없을 거라 추측했다. 그런 추측은 나를 속상하게 했다. 더 나은 내가 되기 위해 노력하다가 결국 따돌림을 당하고 있는 건 아닌지. 고등학교에서 자신의 교육과 학점에 신경 쓰는 똑똑한 학생들이 이런 기분이었을까? 나는 친구들에게 내가 변한다고 해서 너희들까지 그래야 한다는 건 아니라고 말해주고 싶었다.

"너희가 여전히 쇼핑을 한다고 해도 난 상관 안 해. 그런데 왜 너희는 내가 쇼핑하지 않는 걸 신경 써?"

하지만 난 아무 말도 하지 못했다. 난 늘 아무 말도 못했다.

그러다가 한 가지 궁금증이 생겼다.

'분명히 다들 저축을 늘려야 할 때인데 우린 왜 서로 돈을 쓰라고 부추기는 걸까?'

몇 년간 수없이 깨쳤던 교훈 하나는 삶에서 부정적인 것을 제거할 때마다 긍정적인 것을 채울 공간이 생긴다는 것이다. 한때 나를 옥죄던 크리스와의 치명적인 관계가 끝내자 다시 학교로 돌아가 꿈을 좇을 수 있을 것 같은 생각이 들었다. 공공 기관에서 하던 일을 관두자 글을 써서 생계를 유지할 수 있는 기회가 생겼다. 마음에 들지 않는 책을 끝까지 읽지 않기로 마음먹는 것 같은 간단한 결심으로도 내가 좋아하는 책을 읽을 수 있는 시간이 더 많이 생겼다. 그리고 나를 이해하지 못하는 사람들과의 우정에 에너지를 덜 쏟자 나를 이해하는 사람들과의 우정에 더 많은 에너지를 쏟을 수 있게 되었다.

쇼핑 금지령 동안 몇몇 관계가 서서히 시들어 가는 동안, 또 다른 많은 관계가 새롭게 생겨나고 번창했다. 나는 포틀랜드에 함께 갔던 케이시와 몇 주마다 한 번씩 만났다. 케이시와 나는 금융 스타트업에서 함께 일했고 거기서 일하기 위해 얼마나 힘들었는지 다 아는 사이였다. 그만큼 언제든지 일 이야기를 함께 나눌 수 있는 몇 안 되는 친구였다. 그러나 그녀는 내가 만났던 사람들 중 가장 긍정적인 사람이기도 했다. 그녀의 에너지는 전염성이 있었고, 나는 좋은 에너지에 전염될 필요가 있었다. 우리는 밴쿠버 어딘가에서 브런치를 먹던지, 아니면 포트무디에서 산책을 했고, 거의 언제나 마무리로 '로키 포인트 아이스크림'에 갔다. 가끔씩 솔티드 캐러멜 한 스쿱

이 간절히 필요했기 때문이다.

타냐 역시 내게 긍정적인 에너지를 전해주는 친구였다. 타냐는 내가 포트무디로 이사 가서 처음 사귄 친구였다. 그리고 내가 제안할 때마다 언제나 좋다고 대답하는 걸 알고 있었기 때문에 하이킹을 가고 싶을 때마다 가장 먼저 전화를 거는 사람이었다. 우리는 격주 주말마다 포트무디와 피트 메도우 사이 수십 개의 하이킹 경로 중 한 군데를 탐험했다. 그중에서도 내가 제일 좋아하는 건 타냐의 개 '스타'와 함께 번전 레이크 주변을 세 시간에 걸쳐 산책하는 것이었다. 우리는 끝까지 가기 위해 서두르는 법이 없었고, 그런 느긋함은 우리의 걸음걸이와 대화의 속도에서도 그대로 드러났다.

그럼에도 쇼핑 금지령을 처음 결정했을 때, 맨 처음 이 아이디어를 함께 나눈 사람은 나의 절친 엠마였다. 엠마와 나는 빅토리아의 식료품 가게 델리 코너 점원으로 일하며 처음 만났다. 우린 나이 차이가 세 살 났다. 당시 엠마는 열일곱 살이었고, 나는 막 스무 살이던 때였다. 하지만 우리의 바보 같고 때론 조잡한 유머 감각이 베이지색 상의와 검은색 하의 유니폼만큼이나 서로 비슷했다.

우리가 함께 일한 시간은 2년밖에 되지 않지만 그 이후로도 떼려야 뗄 수 없는 사이가 되었다.

엠마에게 난 비밀이 없었다. 내가 진 빚에 대해 처음 고백한 상대도, 내가 블로그를 만든 후 링크를 가장 먼저 보낸 사람도 그녀였다. 일은 더 많이 하고 술은 줄이다가 결국 술도 완전히 끊을 거라고, 내 결심을 처음 이야기한 사람도 그녀였다. 내가 세계 어느 곳에 있든 상관없었다. 포트무디에 살든, 토론토에서 일하든, 어디론가 여행을 하든, 내 인생의 변화에 대해 가장 먼저 아는 사람은 엠마였고 그 반대도 마찬가지였다.

오랜 시간에 걸쳐 나는 이 세상에 친구란 두 종류가 있다고 믿게 되었다. 술집에서 만난 모르는 사람과 집에 가는 걸 말리며 날 구해줄 친구, 아니면 블러드 메리를 마시고 저지른 무모한 성적 도피를 다음 날 아침에 축하해줄 친구. 헬스장에서 만나기로 약속했으면 그 약속을 절대로 취소하지 않을 친구, 아니면 힘든 날 치즈버거 두 개, 감자튀김, 밀크셰이크를 다 해치운 나를 보며 기뻐할 친구. 필요하지도 않은 300달러(39만 원)짜리 가방을 사겠다고 할 때 나를 말려줄 친구, 아니면 가방을 사라고 부추기며 가장 가까운 가게까지 차로 데려다줄 친구.

중요한 결정을 앞두고 있을 때 우린 당연히 함께 고민해줄 친구를 선택할 것이다. 우리는 거의 언제나 나쁜 선택을 하게 만드는 사람을 알아보기 때문이다. 내가 무엇이든 엠마에게 제일 먼저 말하는 이유는 엠마는 누가 뭐래도 다른 사람들이 좋은 선택을 하도록 격려하는 부류였기 때문이다.

쇼핑 금지령을 내린 후 처음 두세 달 동안, 나는 쇼핑을 하고 싶은 욕망이 생길 때마다 엠마에게 상황을 공유했다. 나의 문자 메시지는 대략 이런 식이었다.

이성적인 상태 "침구류를 싹 갈까 생각 중이야."
제정신이 아닌 상태 "도와줘! 이거 다 결제하기 직전이야! 날 말려줘! 으아아아!"
다시 기가 꺾인 상태 "진짜 최악이었다. 난 대체 왜 이러는 걸까!?!?!?!?"

엠마의 대답은 거의 언제나 웃음으로 시작한다. 그녀는 평가받는 느낌을 주지 않으면서도 날 놀릴 수 있는 그런 친구다. 엠마가 왜 웃는지 나도 알기 때문이다. 한바탕 상황이 정리되고 나면 우리는 내 메시지가 얼마나 우스꽝스러웠는지, 도대체 뭘 그렇게 사겠다고 난리였는지 신이 나서 떠들어대곤 했다. 그건 판단이 아니었다. 그냥 너무 재미있었다. 그리고 다 웃고 나면 엠마는 마법 같은 능력으로 나를 다시 제자리로 되돌려놓았다. 나 스스로 해야 할 질문을 대신 해주었던 것이다. 그녀의 반응은 이런 식이었다.

"그거 승인된 쇼핑 목록에 있는 거였어? 그럼 목록에 있는 다른 거랑 바꿀 생각은 있는 거야?"

"에이, 괜찮아! 어제만 해도 필요 없던 거잖아. 그러니까 오늘도 필요 없을걸."

"진짜 잘하고 있어! 한 번에 하나씩 결정하는 거야! 그냥 할 일을 해!"

엠마는 나의 치어리더이자 성공을 위한 챔피언이었다. 나는 내가 그렇게 빨리 빚을 갚을 수 있었던 건 책임감을 가질 수 있게 도와준 블로그 독자들 덕분이라고 말했고, 아직도 그 생각에는 변함이 없다. 하지만 엠마가 궁극적인 조력자였고, 지금도 그러하다. 우리가 늘 최선의 결정을 내렸다고는 할 수 없다. 친해지고 처음 10년 동안은 때때로 서로의 잘못을 눈감아준 적도 있고 나쁜 선택을 하게 만든 적도 있다. 하지만 우린 결코 서로를 판단하지 않았다. 삐끗하더라도 제자리로 금방 돌아오리라는 걸 알고 있었다. 혹시나 시간이 오래 걸린다면 서로를 제자리로 데려오기 위해 발 벗고 나서리라는 것도 알고 있었기 때문이다.

친구 클레어도 있었다. 클레어와 나는 각자의 블로그를 통해 처음 만났다. 내가 신용카드 빚에 대한 글을 쓰는 동안, 클레어는 학자금 대출 갚기에 대한 글을 쓰고 있었다. 그녀의 글은 똘똘하고 영리했다. 카피라이터가 된 이유를 알 것 같았다. 클레어는 타고난 카피라이터였다. 그리고 내 유일한 금주 친구이기도 했다.

실제로 금주를 하기 전, 나는 "B"라는 필명으로 금주 블로그를 운영하는 작가에게 이메일을 보냈다. 난 자포자기하는 심정으로 나의 걱정과 불안감을 B에게 공유했다. 알지도 못하는 사람에게 내 모든 걸 털어놓은 것이다. 그런데 알고 보니 B는 전혀 모르는 사람이 아니었다. '보내기' 버튼을 클릭하고 몇 시간 뒤 나는 메일함을 확인했고 짧지만 상냥한 답장을 발견했다.

"공유해준 이야기에 일일이 대답해주기 전에 먼저 솔직하게 말할게요. 저예요, 클레어. 제가 B에요."

인터넷은 우리가 만날 수 있도록 두 번이나 마법을 부렸고, 그 이후로 우린 친구가 되었다. 그녀는 나의 금주 친구였고 나에게 그녀도 마찬가지였다. 클레어의 사랑과 지지는 그녀의 빨간 머리카락만큼이나 강렬했다. 그녀는 늘 자신이 '죽을 때까지 함께할' 친구라고 말했다. 무슨 일이 있어도 내 편을 들 거라고 했고 실제로도 그랬다. 그러나 우리는 2014년 10월 그녀의 결혼식 날 밤까지 2년 동안 실제로 만난 적은 한 번도 없었다.

온라인에서 만난 사람과 우정을 쌓을 때의 장점이자 단점은 서로 같은 도시에 사는 경우가 거의 없다는 점이다. 클레어는 덴버^{미국 콜로라도 주의 주도}에 살고 있었다. 2,400km 떨어진 곳에 살고 있으니 가볍게 만나 커피를 마시는 일은 불가능했다. 하지만 그녀가 자신의 결혼식에 나를 초대하자 나는 조금의 망설임도 회답했다. 당연히 가겠다고. 초대를 받아 영광이기도 했고, 인터넷 절친을 실제로 만나보고 싶기도 했다.

원래 계획은 앤드루와 함께 가는 것이었지만 그가 없어도 주머니 사정에 맞춰 여행을 하기로 결심했고, 그렇게 실행했다. 나는 매달 퇴직 자금에 투자하는 것 외에도 여행을 위한 돈도 모으고 있었다. 20대 때는 여행을 더 하고 싶은데 그럴 돈이 없다며 내내 불평했다. 하지만 이제는 쇼핑 금지령 덕분에 돈이 있었다. 사실상 왕복 항공편, 4일간의 호텔 비용, 식사 비용, 심지어 자동차 렌탈비까지 충분했다. 항공사 포인트와 할인 코드를 이용해 항공권을 더 싸게 사기도 했지만 어쨌든 모든 비용을 충당할 수 있었다.

고도가 높아서 마일 하이 시티Mile High City라고 불리는 덴버에는 두 번째 방문이었지만, 시내 중심부를 벗어나 콘퍼런스 활동 외의 무언가를 하는 건 이번이 처음이었다. 결혼식과는 별개로 거기서 꼭 하고 싶은 일이 하나 있었다. 바로 케일라라는 친구와 함께 산에서 하루를 보내는 것이었다. 케일라는 또 다른 개인 금융 블로거였다. 우린 2013년 세인트루이스의 콘퍼런스에서 만났고, 그녀를 보자마자 내 사람이 될 거라는 느낌을 받았다. 당시 그녀는 내가 아는 사람 중에 돈과 마음챙김에 대해 글을 쓰는 유일한 사람이었다. 그녀는 명상 경험이 있는 유일한 친구이기도 해서, 나의 과학적이지 않은 엉뚱한 상상을 공유할 수 있는 사람이었다.

덴버에 도착한 다음 날, 케일라가 나를 데리러 호텔로 왔다. 우리는 그녀가 가져온 여행용 머그잔에다 커피를 마시고, 모리슨에 가서 아침 식사를 한 후, 레드 록스 공원으로 향했다. 바로 이곳에서 해수면보다 2km 가까이 높이 있으면 평소보다 물을 두 배는 마셔야 한다는 점을 배웠다. 원형 극장 계단을 오를 때는 산소가 부족해서 숨을 헐떡였다. 거대한 두 개의 기둥 사이에 서서 풍경을 바라보자니 살짝 어지럽기도 했다. 하지만 바다와 코스트 산에 둘러싸인 태평양 연안 북서부에서 자란 사람으로서 빨간 사암은 정말 환상이었다. 하이킹을 마치고 차로 돌아오는 길, 2억 5천만 년 된 암반층이 구석구석에서 우리를 반겨주었다. 레드 록스 원형 극장이 한때 세계 7대 자연경관으로 여겨졌던 데에는 다 이유가 있었다. 그걸 볼 수 있어서 감사했다.

그날 밤 우린 클레어와 예비 남편 드루와 함께 친구들이 준비해준 파티에 참석하기 위해 볼더로 향했다. 클레어는 나를 '금주 친구' 대신 '인터넷 절친'이라고 소개했다. "케이트는 진짜 멋진 작가야. 너희들도 모두 케이트 블로그를 읽어봐야 해." 그녀가 시끄러운 음악 소리 위로 소리쳤다. "지금은 1년간 쇼핑 금지령을 내리고 거기에 대해 글을 쓰고 있어. 정말 대단하다니까!" 그와 더불어 클레어는 내가 파티에 어울릴 수 있게 도와주었다. 파티에서 유일하게 술을 마시지 않는 사람이라고 느끼게 만들어 불편한 처지에 몰아넣지 않고 오히려 내가 친구들 사이에서도 소중한 동료인 것처럼 느끼게 만들어주었다.

다음 날 결혼 피로연에서 나는 다른 금주 친구를 포함해 클레어와 드루의 친구들을 더 많이 만났다. 발이 아프도록 춤을 추고 나니 떠날 때가 되었다. 나는 밤이 너무 짧지만 즐거웠다며 클레어에게 작별 인사를 했다. 마치 다음 주에 또 만나서 간단히 커피를 마실 수 있는 사이인 양 편하게 인사를 했다. 조만간 다시 만날 순 없겠지만 언젠가는 다시 볼 수 있을 거라는 생각이 들었다. 우리가 만나서 친구가 될 수 있었던 건 인터넷이 두 번이나 마법을 부린 덕분이었다. 하지만 우리가 현실 세계에서 실제로 만날 수 있도록 마법을 부려준 건 쇼핑 금지령이었다.

PART
05

11월:
의식을 잃었다가 되찾기

금주: 22개월째
저축 비율: 30%
이 프로젝트를 완수할 수 있을 거라는 자신감: 40%

    몇 년간 블로그를 운영하면서 깨달은 것 중 하나는 (인터넷 트롤^{일부러 공격적이고 반사회적인 반응을 유발하는 사람}과는 별개로) 블로그에 댓글을 남기는 독자들은 보통 두 부류의 사람들이라는 것이다. 한 부류는 당신이 무얼 하든 거기에 영감을 받고 지지를 해주는 사람들이며. 또 한 부류는 그게 좋다고 생각은 하지만 자신은 똑같이 할 수 없는 이유를 빠르게 찾는 사람들이다. 술, 외식 또는 쇼핑을 포기하는 걸 파트너가 원치 않는다, 아이들이 물건 버리기를 거부한다, 여분의 돈을 벌기 위해 매주 너무 긴 시간 동안 일한다, 지켜야 할 집이 있다, 봐야 할 친구가 있다, 참석해야 할 행사가 있다 등등이 그들의 이유다. 이런 독자들은 자신들의 이야기로 작디작은 댓글 창을 채우면서 그들의 파트너도 이걸 알고 있을까 싶을 정도로 세세하게 개인적인 고충을 공유한다. 만약 그러다 기분이 나빠지면, 슬픈 표정 이모티콘으로 댓글을 마무리하곤 한다.

나는 독자들에게 왜 나와 같은 도전을 시도하지 않냐며 논쟁한 적이 한 번도 없었고 앞으로도 할 생각이 없다. 난 개인적인 경제 상황은 정말로 개인적인 것이며, 누군가에게 효과가 있는 방법이라고 해서 그게 다른 사람에게도 늘 효과가 있을 순 없다. 그건 어느 분야든 마찬가지일 거라고 늘 이야기해왔다. 하지만 독자들이 공유하는 고충 중에 내가 언급할 수 있는 게 한 가지 있다. 나 역시도 여러 차례 씨름하고 고민하던 것이었다.

바로 무언가를 하지 않기로 금지하는 것이 너무 제한적일 거라는 우려다. 뭔가를 갑자기 끊어버리면 결국 힘들어서 포기하고, 다시 그것에 빠져들게 되며, 절제를 아에 시도하지 않았을 때보다 더 그것을 탐닉하게 될 것이라는 우려 말이다. 이는 내가 쇼핑 금지령에 대해 글을 쓰기 시작할 때 독자들이 가장 많이 제기했던 반대 의견이었다. 또한 그들 스스로 금지령을 시도하지 못하는 가장 흔한 이유이기도 했다.

솔직히 말해서 이는 타당한 걱정이다. 특히 쇼핑이 인생의 문제를 해결해줄 수 있다고 생각해본 적 있는 사람이라면 더더욱 그렇다. 내가 말하고자 하는 것은 "쇼핑을 통한 기분 전환"이라는 피상적인 용어를 넘어선다. 행복으로 가는 길을 돈으로 살 수 있다는 피상적인 믿음보다 더 깊은 곳에서 작용한다. 도전을 성공시키고자 하는 나의 판단에 의문을 품게 만드는 것은 친구들의 빈정거림이 아니었다. 포기하고 싶다는 생각이 들 때마다 나를 흔들리게 하는 건 바로 나 스스로에게 하는 말들이었다. 나는 포기할까 고민해보았고, 실제로 한 번 포기한 적도 있었다.

지난 7월, 나는 1년 내내 가능한 한 최소한의 광고만 보기 위해 굉장히 노력하고 있었다. 몇 년 전에 케이블을 없애고 텔레비전에서는 넷플릭스만 나오게 해두었기 때문에 TV에 나오는 광고에는 노출될 일이 없었다. 하지만 컴퓨터와 휴대폰에서는 내 눈이 계속해서 광고를 쫓고 있었다. 웹사이트 광고 위치는 내가 어떻게 할 수 없었지만, 소셜 미디어에 뜨는 건 스스로 통제할 수 있었기에 거기서부터 시작했다. 우선 사용 중이던 모든 플랫폼(페이스북, 엑스, 인스타그램)에서 팔로잉 중이던 계정 목록을 모두 확인한 뒤, 물건을 파는 계정은 모두 언팔했다. 거기엔 서점, 아웃도어 매장, 홈 데코 매장, 백화점 등이 포함되어 있었다. 서점을 제외하고, 애초에 그런 계정을 왜 팔로우하기 시작했는지 의문이 들었다. '사진 액자나 캐리어 세트, 목욕 가운이 언제 세일하는지 꼭 알아야 하는 걸까? 그게 그렇게 중요한 것이었나?'

나는 친구들이 운영하는 사업 앞에서 잠시 망설였다. 이를테면 실제로 지금 쓰고 있는 천연 화장품 브랜드 같은 것들 말이다. '메건의 계정을 어떻게 언팔하지?' '계정을 언팔하면 메건의 사업을 응원하지 않는 것처럼 보이려나?' '메건을 응원하지 않는 것처럼 보이려나?' 내가 스스로에게 이런 질문을 했다는 건 실제로는 그 반대라는 걸 증명했다. 나는 당연히 친구가 만드는 화장품과 서비스를 지지했다. 다만 내년을 위해 그것들의 유혹을 피해야 할 뿐이었다.

소셜 미디어를 끝낸 후, 나는 받은 편지함을 손봤는데 여기도 그 자체로 문제가 많았다. 다행스럽게도 정리를 도와줄 수 있는 애플리케이션이 있었다. 여기서 몇 년 동안 구독했던 300개 이상의 뉴스레터 목록을 한꺼번에 정리하여, 각 뉴스레터 옆에 커다랗고 빨간 "구독 취소" 버튼을 눌렀다. 이번에도 역시나 서점, 아웃도어 매장, 홈 데코 매장, 백화점이 있었다. 구독 취소, 구독 취소, 구독 취소.

하지만 거기에는 항공사 웹사이트와 여행 상품 웹사이트도 있었다. 나는 앞으로 받게 될 이메일을 미리 지워버릴지 결정하기 위해 고심했다. '올해는 여행에 돈을 써도 돼. 여행을 예약할 거면 절약해야 하는 것 아닌가?' '어쨌든 난 개인 금융 블로거잖아! 지출을 줄일 수 있는데도 줄이지 않았다고 말할 순 없지.' 이 말도 타당하긴 했지만 저렴한 여행 상품이 있다는 이야기를 들으면 돈을 더 쓰게 될 뿐이라는 걸 잘 알고 있었다. 불과 몇 분 만에 나는 모든 목록을 구독 취소했다. 아니, 그런 줄 알았다. 모든 수단을 동원했음에도 어째서인지 이메일 하나만 틈새로 쏙 빠져나갔다가 블랙 프라이데이 시즌 동안 받은 편지함에 다시 모습을 드러냈다.

여느 날과 다름없이 하루가 시작되었다. 샤워, 커피, 독서, 그리고 일. 차분하고 조용했다. 잡동사니 생각에 사로잡히지도 않았고, 테이크아웃 커피를 사던 예전 루틴을 갈망하지도 않았다. 이메일을 확인할 때까지 블랙 프라이데이인지조차 몰랐다. 그러다 내가 좋아하는 가게에서 세일을 한다는 이메일이 화면에 등장했다. 원 플러스 원 행사, 25% 할인 예약 버튼, 40% 할인 예약 버튼, 캔들 50~75% 할인 행사. 이 모든 것이 크고 굵은 빨간

글씨로 내 눈앞에 나타났다. 이 이메일을 스팸 폴더로 보내버리려는 순간, 원래 139달러^{18만 원}인 이북 리더기를 40달러^{52,000원} 세일해서 99달러^{13만 원}로 팔고 있는 게 보였다. 완벽했다. 지난주 블로그에다 이북 리더기를 선물로 주겠다고 약속했는데, 아직 구매를 못 하고 있었다. 드디어 나의 미루는 습관이 (말 그대로) 빛을 발하게 된 것이다. 그리고 곧바로 이런 소리가 들렸다.

'이북 리더기가 이렇게 싼 건 처음 봐.'

잘 아는 목소리였다. 전화기를 들었는데 반대편에서 몇 년 동안 연락이 없던 친구 목소리가 들릴 때의 느낌, 다시 연락이 닿아서 너무 기쁘고 신나는 느낌이 들었다. 그 친구와 내가 얼마나 편한 사이였는지 즉각적으로 깨닫는 순간 나는 벽을 허물고 그녀의 이야기에 귀를 기울이게 되었다.

'이북 리더기가 이렇게 싼 건 처음 봐. 그리고 이거 필요했던 거잖아.'

그 목소리와 나 사이에는 역사가 있었다. 사실 나는 그 누구보다 그녀와 많은 대화를 나누었었다. 그녀는 나를 분자 수준에서 이해하고 있었다. 나를 만족시키려면,

나에게 활기를 불어넣으려면, 나를 살아 있게 만들려면 그리고 나를 한눈에 반하게 하려면 무엇이 필요한지 다 알고 있었다. 나는 그녀가 내 문제 해결에 도움을 줄 거라고 늘 믿고 있었다. 어쨌든 원래 있던 이북 리더기는 고장이 났다. 난 이게 필요했다, 맞잖아?

'넌 이게 필요해. 게다가 너 자신을 위해 뭘 사본 지 엄청 오래됐잖아.'

그녀는 언제나 조언을 통해 나의 결정에 도움을 주는 역할이었다. 내가 교차로에 서서 어느 길로 가야 할지 고민할 때마다 그녀는 두 가지 선택 사항을 모두 고려해주었다. 이번에 우린 개인 금융 세계에서 가장 유명한 교차로에 서 있었고, 딱 하나의 질문이 날아왔다.

"돈은 있는가?"

난 그 대답을 알고 있었지만 여전히 그녀에게 도움을 구했다.

'넌 이게 필요해. 게다가 너 자신을 위해 뭘 사본 지 엄청 오래됐잖아. 그리고 너에겐 돈이 있어!'

눈이 점점 커졌다. 설레는 가슴 때문에 슬슬 어깨춤이 나올 것 같았다. 와인 두 병을 사며 즐거운 밤을 기대할 때의 느낌, 흥분과 불안이 뒤섞이며 아드레날린이 치솟는 그 느낌과 같았다. 쇼핑 금지령 계좌에는 700달러^{91만 원}가 있었다. 당연히 이북 리더기를 살 여유가 있었다! 그 아이디어에 덤벼들어 실행해버리고 밤새 춤을 출 준비가 되어 있었다. 다만 나는 더 이상 와인 두 병을 집어 들던 그 소녀가 아니었기에, 이제는 그 느낌 앞에서 멈칫하게 되었다.

내가 설득당하지 않은 걸 그녀도 눈치챘다.

'40달러^{52,000원} 할인, 다시는 없을걸.'

그건 내가 듣고 싶던 바로 그 말이었고, 그녀도 그걸 알고 있었다. 그녀가 그걸 아는 이유는 내가 그걸 알았기 때문이다.

그다음에 무슨 일이 일어났는지 명확하게 기억이 나진 않는다. 하지만 그 순서가 어떠했을지는 보지 않아도 알 수 있다. 나는 이북 리더기 두 대를 장바구니에 담아, 신용카드 정보와 배송 정보를 입력하고, 주문을 검토한 뒤 '제출' 버튼을 눌렀을 것이다. 난 주문 과정을 뻔히 알고 있었다. 왜냐하면 이전까지 수백 번도 더 해본 일이었기 때문이다. 내게는 아침에 옷을 입거나 머리 가르마를 찾는 것만큼이나 익숙한 일이었다. 한마디로 그냥 자연스럽게 할 수 있는 일이랄까. 단순히 습관이라고 할 수도 없었다. 그냥 나의 일부였다. 하지만 내가 그랬던 게 기억이 나지 않는다. 정보를 입력하거나 버튼을 눌렀던 기억이 없다. 그냥 정신을 차리고 보니 주문을 확인하는 또 다른 이메일이 와 있었다. 나는 주문과 확인 메일 사이 몇 초 동안 완전히 정신을 잃었고, 그 짧은 시간 동안 쇼핑 금지령을 깨버렸다.

나는 그다음 벌어질 일이 낯설지 않았다. 작은 실수 때문에 얼마나 빠르게 추락할 수 있는지, 얼마나 빠르게 예전 상태로 돌아갈 수 있는지 나는 이미 알고 있었기 때문이다. 하루 섭취 칼로리를 1,200으로 제한하며 다이어트를 하던 시기에도 그랬다. 나는 4일을 꼬박 참다가 다크 초콜릿을 딱 한 조각만 먹기로 다짐했다. 하지만 초콜릿은 한 조각은 순식간에 초콜릿 바 한 덩이가 되어버렸다. 거짓말 같겠지만 아니었다. '이 멍청한 다이어트, 더는 못 해. 이대로 초콜릿에서 멈출 거야?' 나는 차를 몰고 식료품 가게로 가서 냉동 피자와 초콜릿 치즈케이크 한 조각을 샀다. 줄곧 정말로 먹고 싶었던 건 다크 초콜릿 한 조각이 아니라 이것들이었다. 나는 혼잣말을 했다. '다이어트는 무슨, 다시는 하나 봐라.' 그런 다음 집으로 돌아와 한자리에서 그것들을 모두 먹어 치웠다. 조금 전만 해도 식료품 가게 장바구니 안에 들어 있었던 것들이, 어느 순간 싹 사라졌다. 내 눈앞에 남은 건 커피 테이블 위에 놓인 접시 두 개와 포크 하나 그리고 부스러기 몇 개가 전부였다. 피자 상자, 플라스틱 용기 그리고 영수증이 내가 눈 깜빡할 사이에 이것들을 내 몸속으로 집어넣었다는 유일한 증거였다.

    나는 이렇게 정신을 잃고 먹는 행동을 숱하게 많이 했다. 꼬맹이 시절에는 다른 가족들이 잠든 밤중에 부엌으로 몰래 가서 찬장에 있는 쿠키 상자를 훔쳐 침실로 가지고 왔다. 원래는 쿠키 한두 개만 먹고 자려고 했지만, 정신을 차려보면 어느새 쓰레기통 바닥에 빈 쿠키 상자를 숨기고 있었다. 내가 이런 짓을 했다는 걸 다른 가족들에게 들키지 않고 싶어서였다. 충분히 깊숙이 숨겨서 내 눈앞에 보이지 않게 되면 나 자신도 내가 한 행동을 잊을 수 있을 것 같았다. 핼러윈 사탕이 최악이었다. 부모님이 일찌감치 사탕을 사주시면 나는 그것들을 핼러윈이 되기 전에 다 먹어 치웠기 때문에, 부모님은 그날을 앞두고 다시 사탕을 사야 했다. 나는 11월 중반에서 말까지도 도시락에 남은 사탕을 싸 오는 친구들을 보며 어떻게 그게 가능한지 이해가 되지 않았다. 내 사탕은 이삼 일이면 다 사라졌기 때문이다. 난 그냥 눈앞에 보이면 다 먹어버렸다. 더 이상 설명이 필요한가?

2012년 마지막에서 두 번째 금주 시도 역시 결과적으로 실수이자 원상태 회복으로 끝났다. 이제 더 이상 안 되겠다고 다짐한 후 45일 동안 금주를 하고 있던 때였다. 당시 나는 무슨 행사가 있을 때마다 사람들에게 술을 마시지 않을 거라고 말하는 게 귀찮았다. 그리고 열심히 그 이유를 설명해봤자 사람들이 보여주는 부정적인 반응에 신물이 난 상태였다. 그날 밤 나는 딱 맥주 두 잔을 마셨다. 하지만 그 이후 6주 동안 눈에 보이는 모든 술을 다 마셔버리는 게 나의 의무라고 느껴졌다. 술을 마시지 않은 채로 살았던 6주의 시간을 보상받기 위해서였다. 얼마나 많은 술을 마셨는지 또는 술에 취한 동안 무슨 짓을 했는지 기억이 나지는 않는다. 그런 것들은 중요하지 않았다. 난 한 마디로 금욕을 끝내버렸다. 나는 나의 길을 막아서는 모든 것을 모두 없애버릴 기세였다.

그렇다. 나는 작은 실수가 얼마나 빠르게 나를 원상태로 되돌려놓는지 알고 있었다. 또한 가장 큰 문제는 원상태 그 자체가 아니라 원상태가 되었을 때 스스로에게 하던 말들이라는 것도 알고 있었다. 나는 거울 앞에 서서 뱃살을 움켜잡은 채 이렇게 영영 뚱뚱한 채로 살라며 스스로에게 저주를 내렸다. 아무리 다이어트를 해봐야 이 셀룰라이트는 사라지지도 않는데, 도대체 왜 신경을 쓰는 거야? 또는 아침에 일어나 몸에 난 멍을 보며 말로 나 자신을 두들겨 팼다. '잘했다, 케이트. 이러다 또 모든 사람이 보는 앞에서 엎어지겠지, 넌 원래 엉망진창이니까.' 아침에 깨어보면 나는 옷도 갈아입지 않은 채 침대에 누워 있고 바닥엔 피자 상자가 뒹굴고 있는 경우도 있었다. 어떤 때는 피자 상자가 침대 위에 놓여 있기도 했다. 폭식과 폭음의 밤을 보낸 흔적이었다. 그런 날마다 나는 몇 시간씩 스스로에게 가장 잔인한 말들을 쏟아붓곤 했다.

하지만 가장 최악인 건 따로 있었다. 바로 자신의 도덕적 원칙이나 가치에 맞지 않는 말이나 행동을 해놓고 뒤늦게 그걸 깨달을 때였다. 예를 들면 내가 어디에 있었는지, 누구와 있었는지 혹은 무엇을 했는지 거짓말을 할 때 그랬다. 나는 스스로에게 말하곤 했다. '왜 내 친구들은 여전히 내게 말을 걸어줄까? 난 형편없는 사람인데.' 단지 죄책감을 느낀 건 아니었다, 나는 내 행동이 너무나 부끄러웠다. 브레네 브라운은 그녀의 두 번째 TED 강연 "수치심에 귀 기울이기"에서 죄책감과 수치심은 다른 거라고 설명하며, '난 나쁜 짓을 했어'는 죄책감이고 '난 나빠'는 수치심이라고 말했다. 나는 수치심의 세계에 영주권을 가지고 있었다. 나는 스스로를 실패작이라고 불렀고, 나를 발전시키려는 시도는 한 번도 성공한 적이 없었다. 그러니 나는 내가 실패작이며 계속 실패만 한다는 사실을 그저 받아들여야 했다.

한때 긍정적인 변화를 만들어내도록 나를 격려하던 목소리와 예전 생활 방식으로 돌아가라고 나를 꾀던 목소리는 서로 다르지 않았다. 이후 실패한 나를 부끄럽게 여기던 목소리도 다 같은 목소리였다. 하지만 그녀의 목소리를 너무나 잘 알고 있었던 탓에 나는 늘 그녀를 믿었다. 나는 그녀가 하는 말을 다 신뢰했고, 그녀가 시키는 대로 했다. 그런 후에는 또 말로 그녀를 두들겨 팼다. 왜냐하면 나도 그럴 자격이 있다고 느꼈기 때문이다. 이것이 바로 학대와 자기혐오의 악순환이 수년간 이어진 이유였다. 나는 언제나 그녀를 믿었다, 왜냐하면 그녀가 나였기 때문이다.

받은 메일함 안에 있는 주문 확인 메일을 보고 나서야 드디어 나는 더 이상 그녀가 되고 싶지 않다는 걸 깨달았다. 그리고 이 실수 때문에 원상태로 돌아가는 걸 진심으로 막고 싶었다.

그렇게 눈앞이 캄캄해진 블랙아웃 상태로 구매하는 것도 오랜만이었다. 어떤 사람들은 그걸 충동구매라고 부르기도 하지만, 내 경우엔 진심 일시적으로 의식을 잃는 듯한 느낌이 들었다. 60초 동안 코마 상태에 빠져들었다가 기억 상실과 영수증 한 장과 함께 다시 깨어나는 느낌. 놀랍게도 받은 메일함에 주문 확인 메일이 나타난 순간, 이번에는 새로운 목소리가 머릿속에서 튀어나왔다. 이전까지 듣던 목소리와는 달랐다. 약간 당황한 것 같기도 했지만 용기를 주는 쾌활한 목소리였다.

'새 이북 리더기는 필요하지 않아! 지금 것도 멀쩡해! 켤 때마다 리셋 버튼을 핀으로 누르는 건 어때? 그럼 멀쩡히 작동할 거야! 지금 당장 교체할 필요는 없어.'

그녀는 내가 한 번도 들어보지 못한 조언도 해주었다.

'주문을 취소할 수 있는지 확인해봐!'

이건 내게 색다른 종류의 충동을 안겨주었다. 돈을 쓰기보다 모으는 데 도움이 되는 충동이었다. 그리고 돈으로 더 많은 행복을 살 수 있는 척하기보다는 이미 가지고 있는 것에서 즐거움을 찾을 수 있게 도와주는 충동이었다. 나는 주문 취소가 되지 않을까봐 초조해졌다. 지금까지 주문 취소를 시도해보는 건 처음이었기에 그게 가능할 수도 있다는 생각만으로 가슴이 미친 듯이 뛰기 시작했다. 결국 취소는 가능했고 나는 곧바로 취소를 감행했다. 결국 두 대 중 한 대는 취소하고, 블로그 독자들에게 선물로 줄 한 대만 구매했다. 그런 후 나는 콘크리트 벽

너머 이웃들이 들을 수 있을 정도의 큰 소리로 안도의 한숨을 내쉬었다. 이웃들은 도대체 무슨 일인지 상상의 나래를 펼치겠지만, 단순히 필요하지 않은 물건에 돈 낭비를 하지 않아서 그러는 거라고는 상상도 하지 못했을 것이다.

내 실수를 바로잡을 수 있어서 고맙기도 했지만, 만약 실패했더라면 어땠을지 2주가 넘도록 계속 생각했다. 아직도 가끔씩 예전의 그 목소리가 나를 찾아왔다. 그녀의 방문 목적은 딱 하나, 내가 한 짓에 대해 창피를 주는 것이었다. 어떤 측면에서는 그녀가 옳았다. 어쨌든 잠깐이나마 쇼핑 금지령을 깼기 때문이다. 불필요한 구매를 하지 않고 지낸 지 거의 5개월이 되었던 만큼, 이미 실패한 것 같은 느낌이 들었다. '왜 이제 와서 나 자신에게 규칙을 어기라고 말했을까?' '난 쇼핑을 금지한 지 162일이나 됐어.' '이 정도 시간이면 고쳐졌어야 하는 것 아닌가?'

수치심을 느끼고, 스스로 실패작이라 여기고, 쇼핑 금지령을 아예 포기해버리고 싶은 기분을 느끼는 건 나도 어쩔 수 없었다. 하지만 실수했다는 것만으로 내가 나쁜 사람이 되는 건 아니었다. 난 나쁘지 않았다. 내가 한 짓은 나쁘지 않았다. 난 그냥 실수를 했을 뿐이었다. 그리고 난 원상태로 돌아가고 싶지 않았고, 자기혐오의 악순환을 반복하고 싶지 않았다.

자기혐오가 늘 문제였다. 이를 멈출 수 있는 유일한 방법은 수치심의 먹이가 될 만한 것을 제거해버리는 것이었다. 바로 비밀 유지가 그 방법이었다. 내가 저지른 일에 대해 나 스스로 얼마나 나쁜 감정을 느끼고 있는지 아는 사람은 아무도 없었다. 나는 이 실수를 알려야만 했다. 내가 한 짓을 독자들에게 솔직하게 털어놓으며 자백해야 했다.

나는 "가장 없애기 힘든 나쁜 습관"이라는 제목의 블로그 글을 통해 이 이야기를 독자들과 공유했다. 그리고 해서는 안 될 일을 하라고 부추기는 게 내 최악의 습관 중 하나이며, 이것을 어떻게 알게 되었는지 이야기했다. 하지만 그보다 더 어려운 습관은 스스로 부끄러워하지 않는 법을 배우는 것이었다. 나는 판단의 오류를 범했다는 걸 알아차렸다는 것만으로 나쁜 사람이 되는 건 아님을 깨달았다. 오히려 인간답게 사는 것에 익숙해지는 과정이었다. 그 목소리는 내가 '게시하기' 버튼을 누르는 걸 방해했다. '네가 실패했다는 걸, 네가 나약하다는 걸 정말 온 세상에 알릴 생각이야?' 하지만 이건 나약함과는 상관없었다. 내가 저지른 일을 똑바로 보고, 내가 원하는 바에 일치하지 않는 행동을 했다는 걸 깨달아야 한다. 그에 따른 내 반응을 변화시킬 수 있었다는 건 오히려 내가 얼마나 나아졌는지를 보여주는 기회였다. 그것은 도전이었다. 그리고 목표를 품은 채 의식적으로 살아가는 법을 연습할 수 있는 교육적인 기회였다. 나는 좀 더 마음챙김에 기반한 소비자가 되고 싶었다. 나는 새로운 이북 리더기가 필요하지 않다는 걸 알았다. 그냥 사버렸다면 그건 충동적인 행동이었을 것이고, 그 안에는 그 어떤 마음챙김도 없었을 것이다.

항상 외부 영향이 작용했다. 신문이나 잡지 광고, TV나 라디오 광고 모두 사라지지 않았다. 쇼핑몰이나 온라인 스토어를 영원히 피할 수도 없었다. 아무리 많은 계정들을 언팔해도 소셜 미디어에선 온갖 것들을 다 볼 수 있었다. 심지어 친구의 사진 속 옷이나 백패킹 장비도 잠재적으로 나에게 영향을 주었고, 사람들이 블로그에 계절마다 올리는 추천 도서 글도 마찬가지였다. 그리고 사람들은 언제나 댓글을 달았다. 사람들은 항상 내 의도를 파헤치면서 내가 굳건히 지키고 있는 아주 작은 의지력에 균열을 일으키려고 시도했다. 왜냐하면 사람들은 반사회적인 생활 방식을 선택한 사람들을 보면 꼭 한마디씩 하게 되기 때문이다. 소비를 부추기는 외부의 유혹을 피할 수 없었던 것처럼 사람들의 댓글 역시 피할 수 없었다. 외부의 영향은 항상 있을 것이다. 하지만 이제 나는 그에 대한 나의 반응을 변화시킬 수 있게 되었다. 그리고 그 변화는 내 안에서 시작되어야 했다.

PART 06

12월:
새로운 전통 만들기

금주: 23개월째
저축 비율: 10% (역시나 한 달 내내 여행)
정리한 물건 비율: 54%

 블랙 프라이데이 며칠 후, 나는 또 비행기를 타고 토론토에 일을 하러 갔다. 나에게 일은 아픈 손가락 같은 존재가 되어가고 있었다. 2년도 더 전에 이 회사에 처음 들어왔을 때 우린 여섯 명으로 이루어진 작은 팀이었다. 우린 CEO의 거실에서 일을 했고, 이게 첫날부터 너무나 충격이었다. '정부 기관 일을 관두고 나라 반대편으로 이사까지 왔는데 누군가의 집에서 일을 한다고? 그리고 내 개인 컴퓨터를 쓴다고? 이거 실화야?' 하지만 이렇게 작은 회사에 들어왔다는 것은 나의 노력이 결실을 맺는 걸 실제로 지켜볼 수 있다는 뜻임을 깨닫고는 그 충격에서 헤어나올 수 있었다. 정부를 위해 일을 할 때는 그 느린 속도와 싸워야 했고, 내가 한 일이 어떻게 흘러가는지 내 눈으로 확인할 수 없다는 사실을 그저 이해해야만 했다. 하지만 이곳에선 매일매일 해야 할 일이 적힌 목록을 실제로 하나씩 지워가며 일했고, 우리 각자가 모두 중요했다. 숫자를 기록하고 데이터를 분석하며 우리의 일이 중요하다는 걸 우리 눈으로 볼 수 있었다. 기분이 좋았고 신이 났다. 그때는 하루하루가 달라 보였고, 그게 무척 마음에 들었다.

어떤 날은 편집자로서 콘텐츠 전략을 쓰고, 글쓰기 프로젝트와 씨름했다. 또 어떤 날은 인포그래픽을 위한 카피를 쓰고, 그걸 실제로 구현시킬 프리랜서 그래픽 디자이너와 같이 일을 했다. 그리고 또 어떤 날은 프리랜서 작가들 여러 명의 도움이 필요한 대규모 프로젝트를 계획하고, 작가들을 고용하고, 업무를 위임하고, 수백 가지의 콘텐츠를 게시하기도 했다.

하지만 가장 기억에 남는 순간은 우리가 서로의 일을 대신할 때였다. 사무실 관리자가 없는 날, 우린 사무용품과 화장실 휴지를 사러 쇼핑을 나가야 했다. 전화가 와도 너나 할 것 없이 받고 사용자들의 웹사이트 탐색을 도와주었는데, 이게 업무 중에 가장 답답하면서도 가장 재미있는 부분이기도 했다. 또 CEO가 늦어서 미팅에 지각하게 되면 우리가 먼저 도착한 손님들을 즐겁게 해주었다. 그중에서도 최고는 우리가 누군가의 집에서 일하고 있다는 걸 깨달았을 때 손님들의 반응을 지켜보는 것이었다. 그건 우리가 부끄러워할 일이 아니었다. 우린 말 그대로 초기 스타트업 회사였기에, 우리가 어디에서 일하는가는 중요하지 않았다. 우리의 일 자체가 중요했다.

토론토를 떠나 브리티시컬럼비아로 돌아온 뒤 원격 근무를 하게 되었을 때도 우린 여전히 작은 팀이었다. 사무실에서 일하는 인원이 다섯 명에 원격 근무자가 세 명 더 있었다. 하지만 2년이 지난 지금 우리 팀은 거의 스무 명까지 커졌다. 그리고 대부분은 지난 6개월 사이에 들어왔다. 현장 근무자가 원격 근무자보다 많았고, 우리 같은 원격 근무자는 네 명 중 한 명꼴이었다. 여기서 '우리'

란 나 자신을 비롯한 다른 몇 명의 개발자들을 뜻했다. 개발자들은 자신이 몇 안 되는 원격 근무자에 속한다는 것에 개의치 않거나 심지어는 그 사실을 눈치채지 못했을 수도 있다. 원래 혼자 일하는 게 개발자들의 특성이기에 방해 없이 그렇게 일할 수 있는 능력을 지닌 것에 오히려 감사했을 것이다.

반면 나는 시간이 갈수록 우리 팀과 점점 더 단절되는 느낌을 받았다. 나는 새로 들어온 직원들 대부분을 잘 몰랐고, 거리 때문에 그들과 진짜 관계를 쌓아가는 게 거의 불가능했다. 그나마 내가 할 수 있는 일은 그들에게 친근한 이메일을 보내며 질문을 하고 더 자세한 이야기를 나눌 수 있도록 회의 약속을 잡는 것이었다.

하지만 그렇게 그들과 직접 만나 깊은 대화를 나눠보면, 이미 나 없이 많은 회의를 진행했다는 걸 알 수 있었다. 나머지 팀원들은 어차피 나 없이도 서로 친밀했기 때문이다. 책상 밖으로 조금만 몸을 내밀면 업무와 관련된 결정을 내릴 수 있는데, 굳이 그러지 않을 이유가 없지 않은가? 물론 이해는 갔지만 그런 결정에서 내가 소외되는 건 여전히 가슴이 아팠다. 특히나 그게 나의 프로젝트일 경우에는 더욱 그랬다.

다른 문제도 있었다. 업무 자체가 더 이상 예전만큼 성취감을 주지 못했다. 구글에서 상위를 차지하겠다는 유일한 목적만 가지고 또 새로운 기사를 써야 한다는 게 너무나 두려웠다. 또한 핵심 6인방의 사생활 정보 업데이트처럼 사소한 것들이 그리워지기 시작했다. 한때 우리는 가족 같은 사이였다. 진짜 소파와 벽난로가 있는 거실에서 일주일에 50시간 이상을 같이 보냈다. 사무실로 쓰긴 했지만 거실은 원래 사람들이 편히 쉬면서 서로의 이야기를 공유하는 공간이었고, 우리도 거실을 그렇게 썼다. 11월이 되면 크리스마스트리를 설치하고, 불을 피운 뒤, 일을 하며 크리스마스 캐럴을 들었다. 그곳은 내 집처럼 편안한 곳이었고 난 그곳이 그리웠다.

이제 그 팀은 킹 스트리트 이스트에 있는 사무실에서 일을 하고 있었다. 이는 회사 전체로서는 엄청난 성장이었고 꼭 필요한 것이었다. 그러나 나는 거기에 속하지 못했다. 매일 출퇴근을 하는 사람에게는 하얀 벽과 하얀 가구가 있는 새로운 공간에 걸어 들어가는 게 신나는 일이겠지만, 내가 어쩌다 그곳에 방문하면 왠지 남의 공간에 침입하는 느낌이 들었다. 이제 그곳엔 나를 위한 공간이 없었다. 이번 방문도 이러한 현실을 바꿔놓지는 못했고, 상황이 오히려 더 나빠졌다.

이번 방문의 목적은 직원끼리의 크리스마스 파티 참석이었다. 나의 첫 번째 크리스마스 파티는 2012년 금주 전 마지막 6주간의 폭음과 폭식 기간에 일어났다. 즉 나의 행동에 세심한 주의를 기울이지 않던 때라는 뜻이다. 그날 밤 나는 세 차례 옷을 갈아입었고, 결국 원피스가 최선이라고 판단하며 술집에 청바지를 두고 왔다. 하지만 나는 늘 술을 마시면 즐거워지는 사람이었기에, 전날 밤 동료들이 보낸 '귀여웠다' '재미있었다' 그리고 '웃겼다' 같은 문자 메시지를 확인하며 잠에서 깨어날 수 있었다. 나는 술을 잘 마셨고 파티에 소질이 있었다. 드문드문 필름이 끊긴 건 마음에 들지 않았지만, 그들의 문자 메시지를 보면 내가 잘하고 있는 것 같아서 필름이 끊기는 것쯤은 용서할 수 있었다.

2013년에도 두 번째 크리스마스 파티를 위해 비행기를 타고 갔다. 그때는 금주를 시작한 후 맞는 첫 번째 파티이기도 했다. 나는 그날을 위해 청록색 원피스와 검은 에나멜가죽 힐을 새로 샀다. '스물여덟 살 여자라면 파티에서 이 정도는 입어줘야지.' 가게에서 원피스를 입어보며 이렇게 생각했다. 하지만 파티에 들어서자 난 갑자기 진짜 어른들이 가득한 방에서 혼자 어른인 척하는 사람이 된 것 같았다. 모두 술을 마시고 시끄럽게 웃고 가끔 넘어지기도 했지만, 여전히 보기 좋게 서로 어울렸다. 난 술을 마시지도 않았고, 나의 옷차림 때문에 나 자신이 낯설게 느껴졌다. 난 더 이상 이곳에 어울리지 않는다는 걸 깨달았다. 난 파티에서 대부분의 시간을 두세 명의 친구들과 부엌에서 보냈다. 그들의 어깨 너머로 바깥을 내다보며, 나 없이도 모두 즐거워하는 모습에 질투심을 느꼈다.

하지만 금주 2년 차, 맨정신으로 맞는 두 번째 크리스마스 파티는 한결 나았다. 이번엔 파티 안에서 술을 마시지 않는 유일한 사람이라는 생각에 너무 겁을 먹지도 않았고, 모든 사람, 특히 핵심 6인방과 시간을 보낼 생각에 신이 났다. 나는 새로운 멤버들과도 어울리려고 노력했지만 사교성은 더 이상 나의 강점이 아니었다. 다음 날 아침 그 누구도 내가 귀엽다거나 재미있다거나 웃긴다고 문자 메시지를 보내지 않을 테지만, 그래도 나는 노력했다. 그들에 대해 알아가고 싶었다. 대화를 하다가 문득 내 블로그를 구독하고 있다고 말하는 사람들도 몇 명 있었다. 심지어 새로 들어온 여자 사원 중 한 명은 블로그를 구독한 지 몇 년이 되었다고도 했다. 그녀는 내 블로그를 보고 감명을 받아서 자기도 6개월간 쇼핑 금지를 시작했고, 그사이 사도 되는 것들의 목록도 작성했다고 털어놓았다. 그리고 이미 세워두었던 재정적 목표의 진행 과정도 공유했다. 우리는 주로 낭비하던 품목들에 대해 그리고 잡동사니를 정리하며 배웠던 것들에 대해 이야기를 나누었다. 음악 소리 때문에 서로 소리를 질러야 했지만 누군가와 이런 주제로 공감을 할 수 있어서 기분은 무척 좋았다. 특히나 몇 달 동안 우리 팀과 단절된 기분을 느꼈던 터라 더더욱 그랬다.

같이 이야기를 나누던 몇 명과 함께 나는 술을 만들어주는 카운터 쪽으로 자리를 옮겼다. 우리 회사 주주 중 한 명이 우리를 위해 바텐더 역할을 하고 있었다. 그는 키가 크고 유능하며 친절했지만, 나보다 권위 있는 사람이라고 생각해서인지 그 사람 앞에만 서면 어쩐지 조금씩 겁을 먹었다. 말하자면 그는 나에게 일자리를 주는 사람이었다. 내게 월급을 주고, 매년 연봉 인상에 동의하고, 브리티시컬럼비아로 이사를 하고도 이 일을 계속할 수 있게 허락해준 사람 중 한 명이었다. 내 차례가 되어 앞으로 다가가자 그가 뭘 마시겠냐고 물어보았다. 내가 다이어트 콜라 뒤에 숨겨져 있는 산펠레그리노 레모네이드를 발견하고 그걸로 한 병 달라고 하는 순간 동료 한 명이 동시에 외쳤다.

"케이트는 이제 술 안 마셔요!"

그는 내가 술을 마시지 않는 것에 신경을 쓰지 않는 듯 보였다. 그는 내가 무얼 주문했는지 관심이 없었다. 그저 레모네이드 캔을 가져와서 얼음이랑 잔이 필요한지 물었고, 대화는 끝이었다. 그는 신경 쓰지 않았지만 나는 신경이 쓰였다.

다른 사람들이 나의 금주에 대해 이야기할 때마다 나는 이런 기분이 들었다. 내가 가슴팍에 들고 있던 카드를 그들이 빼앗은 뒤 나의 가장 어두운 비밀, 바로 내가 약하다는 사실을 온 세상에 폭로하는 것 같은 기분 말이다. 차라리 '나는 술을 못 마십니다'라고 써서 이마에 붙여놓는 게 나을 것 같은 기분이었다. 아니면 더 간단하게 '쓸

모없는 놈'이라고 쓰는 것도 괜찮을지도. 파티에서 이런 상황을 맞닥뜨리면, 사람들이 나의 가치를 한 문장으로 깎아내리고 나를 사무실 가십거리 정도로만 본다는 느낌을 받는다. 자기가 대신 말해도 되는지 먼저 허락을 받는 사람은 거의 없었다. 사람들은 점심으로 뭘 먹었는지 말하는 것만큼 아무렇지 않게 나의 금주를 떠벌렸다. 다들 모르나 본데 점심 메뉴는 그저 선택이지만, 금주는 생존 전술이란 말이다.

  이제 2년이나 되었으니 나도 금주에 대해 편하게 받아들여서 이런 순간을 웃으며 넘기거나 재치 있게 대화 주제를 바꿀 수 있으면 좋겠지만, 아쉽게도 아직 그런 경지에 이르진 못했다. 내 동료의 한마디에 나는 상처를 받았고, 그들에게 나는 그저 신기한 존재, 새로운 이야깃거리일 뿐이라는 생각마저 들었다. 나는 더 이상 '안 마시는 사람'으로 알려지고 싶지 않았다. 나는 그저 술을 안 마시는 사람이 아니었다. 그런 사람이 있긴 한가? 그날 밤 나는 일찍 파티를 떠났다. 그리고 다음 날 아침 일어나 서둘러 공항에 갔다. 어서 집에 가고 싶었다.

밴쿠버에 도착하자마자 나는 장기 주차장에서 차를 찾은 뒤 곧장 페리 터미널로 향했다. 여기서 고향까지는 보통 네 시간이 걸렸다. 터미널에서 한참 기다려야 하는 데다 페리를 타고 95분, 또 부모님 집까지 차로 30분을 가야 했기 때문이다. 이렇게나 시간이 오래 걸리는 탓에 지역 사람들 대부분은 페리를 타는 걸 몹시 싫어했지만, 나는 전혀 개의치 않았다. 나는 보통 그 시간 내내 차에 탄 채로 책을 읽거나, 노트북으로 영화를 보거나, 잠을 잤다. 대략 계산해보면 여태 브리티시컬럼비아 페리에서 잔 시간만 최소 50시간은 될 것 같았다.

나는 남은 12월을 빅토리아에서 보내기로 결심했다. 그곳에 있는 사람은 그 누구도 나의 금주, 쇼핑 금지령, 그 밖의 다른 도전에 대해 묻지 않았다. 그들은 나를 지지했고 내가 이루어낸 모든 변화에 기뻐했다. 특히 우리 가족은 더욱 그랬다.

물론 어떤 사람들은 부모님 집의 좁은 손님방에서 2주나 지내는 걸 상상도 못 할 거다. 하지만 몇 년에 걸쳐 친구들의 가족이나 전 남자 친구의 가족과 지내본 결과, 우리 가족만큼 서로 친한 집은 흔하지 않다는 걸 알게 되었다. 우리 가족은 특별했다. 어릴 땐 그게 당연하게 여겨졌지만 지금은 그게 얼마나 소중한지 안다. 앨리는 빅토리아 대학교에 다니면서 집에서 살고 있었고, 앨버타 대학에 다니는 벤도 명절을 맞아 2주 동안 집에 돌아올 예정이었다.

나는 쇼핑 금지령을 내린 올해 우리의 크리스마스가 어떤 모습일지 너무 궁금했다. 특별히 종교적인 환경은 아니었지만 내내 종교는 항상 내 삶 속에 있었다. 어릴 적 우리 형제는 교회에서 운영하는 어린이집에 다니기도 했다. 아빠의 가족들이 영국 출신이었기 때문에 엄마가 아빠를 만난 지 얼마 안 되었을 때는 잠시 성공회 교회에 다니기도 했다. 친구들 대부분은 우리 집 위쪽에 있는 개신교 교회를 다녔고, 전날 친구 집에서 잠을 자면 일요일 아침에 같이 교회를 가는 일도 있었다. 그리고 고등학교에 들어가고 처음 1~2년 동안은 친구들과 매주 목요일마다 교회 청년부 모임에 참석했다.

하지만 나는 여전히 어떤 종교에도 소속감을 느끼지

않았다. 의식과 전통은 아름답고, 설교는 깊고 의미 있다고 생각한다. 찬송가를 들으면 모두가 내 목소리를 들을 수 있게 큰 소리로 노래를 부르고 싶어진다. 하지만 그 어떤 종교도 나에게 직접적으로 말을 걸어오지 않았고, 종교적 신념에 동의하며 고개를 끄덕이는 게 편안하게 느껴진 적이 없었다. 가족들에게 직접적으로 들은 적은 없다. 하지만 우리가 자라온 환경이나 우리의 삶에서 종교가 했던 역할을 근거로 생각해보면(내 경우는 역할이랄 게 없었지만), 그들도 나와 마찬가지일 거라고 믿는다. 그러므로 우리에게 크리스마스는 종교적인 휴일이 아니었다. 그 대신 선물이 있었다. 언제나 선물은 빠지지 않았다.

기억나는 첫 크리스마스는 내가 네 살 때였다. 엄마랑 이모와 같이 빅토리아에서 비행기를 타고 할머니와 친척들이 있는 온타리오 주 윈저로 갔다. 당시 나는 외동이었고, 할머니에게도 유일한 손주였으니 물어보나 마나 버릇없는 어린이였을 것이다. 크리스마스 아침에 눈을 뜨니 할머니 집 거실이 선물로 가득 차 있던 기억이 난다.

이후 어린 시절의 크리스마스는 늘 비슷했다. 특히 외동이던 내게 두 명의 형제가 더 생긴 후로는 더욱 그랬다. 크리스마스트리 아래에 선물이 가득했고, 그걸로 부족해 커피 테이블과 사이드 테이블 위에도, 심지어 거실 구석에도 선물이 넘쳐났다. 광고의 수준이 한 단계 높아지고, 신용카드가 인기를 얻고, 소비지상주의가 만연하던 시기였다. 사람들은 더 큰 집, 더 좋은 차, 최신 트렌드 등 더 많은 것들을 원했다. 팝 스타 마돈나마저도 우리가 얼마나 물질적인 세상material world에 살고 있는지 노래했다. 그러다 보니 우리의 크리스마스 풍경이 이렇게 바뀐 게 딱히 놀랍지 않았고, 부모님이 우리에게 이런 게 크리스마스의 의미라며 가르치려 했다고도 생각하지 않았다. 그 대신 나는 부모님이 이런 상황에 휘말리게 된 것이 안타까웠다. 우리에게 딱히 필요하지도 않을 것들을 사느라 힘들게 번 돈을 날리는 게 안타까웠다. 더 솔직히 말하면 모두 하나도 필요하지 않은 것들이었다. 그때 받은 선물이 12월 26일부터 벽장 뒤쪽에 처박혀 있다가 봄이나 여름에 다시 발견되는 일이 드물지 않았다.

다행히 우리가 커가면서 거실을 선물로 가득 채우는 전통이 천천히 줄어들었다. 엄마는 우리 셋에게 같은 액수를 쓰는 걸 포기하고 그 대신 크리스마스 아침에 열어

볼 선물의 개수를 똑같이 맞췄다. 우리는 정말로 필요하거나 갖고 싶은 몇 가지만 선물로 요구했고, 선물보다 함께 나누는 시간이 더 중요한 크리스마스가 되었다. 나의 쇼핑 금지 규칙에 따라 한 해 동안 다른 사람들을 위한 선물을 사는 건 허락됐다. 하지만 선물보다 중요한 것은 나의 쇼핑 금지령 덕분에 가족들 간에 중요한 대화가 이루어졌다는 점이다.

쇼핑 금지 초기 몇 달 동안은, 크리스마스가 다가올 때쯤이면 사람들에게 사달라고 할 선물 목록이 생길 줄 알았다. 새 옷도 필요할 것 같았고, 책도 몇 권 사고 싶을 듯했다. 하지만 결과는 그 반대였다. 내가 정말로 필요로 하는 건 오직 하나뿐이었다. 바로 신발 한 켤레. 엄마가 앨리와 벤에게 원하는 게 없냐고 물었을 때 그들의 반응도 비슷했다. 둘 다 대학생인데도 정말로 필요한 건 하나도 없다고 했다. 가족들 모두 꼭 필요한 건 스스로 살 수 있는 단계에 이르렀고, 현금이나 기프트 카드를 이용해 괜히 돈을 주고받는 것에는 관심이 없었다.

이러다 보니 엄마와 나는 처음으로 서로 선물을 주고받지 않는 크리스마스를 맞기로 했다. 하지만 다른 가족들 모두 여기에 가담하지는 않았다. 특히 할머니의 경우, 손주들에게 크리스마스 선물을 주지 않는다는 건 상상도 할 수 없는 일이었다. 과한 선물을 하려는 건 아니었지만 그래도 우리에게 뭔가를 주고 싶어 하셨다. 할머니는 그게 전통이라고 하셨고, 그 말도 틀리지 않았다. 내 경우에도 28년이나 된 전통이지만, 할머니에게도 평생을 함께한 전통이니 말이다. 전통은 가문의 뿌리이자, 우리를 이 집단의 구성원으로 인식하게 만드는 일부분이다. 그 뿌리를 갑자기 땅에서 꺼내어 찢어버리는 것은 흙을 다 갈아엎고 새 씨를 뿌린 다음 다시 처음부터 시작하라고 하는 것과 마찬가지다. 당연히 어느 정도의 저항이 따라올 수밖에 없다.

결국 우린 절충하기로 했다. 평소처럼 선물에 수백 달러, 심지어 수천 달러를 쓰는 대신, 일곱 명(우리 가족 다섯 명에 이모와 할머니까지)에게 쓸 700달러[91만 원]를 같이 모았다. 돈을 쓰는 규칙은 단순했다. 정말로 필요한 것들을 말하면 각자 100달러[13만 원] 한도 안에서 그걸 사는 것이었다.

복잡한 쇼핑몰을 비집고 다니거나 가족들이 뭘 원하

는지 고민하느라 스트레스를 받을 일도 없으니 쇼핑 과정도 힘들지 않았다. 크리스마스 아침의 거실 풍경은 그 전날 밤과 거의 똑같았다. 달라진 건 나무 아래에 놓여 있는 선물 몇 개와 반쯤 차서 걸려 있는 스타킹 몇 개가 전부였다. 원래대로라면 다들 거실로 뛰어가서 선물을 열어본 후 하루를 시작했다. 하지만 이번 크리스마스엔 가족과 함께 아침을 만들어 먹고, 몇 분 동안 선물 개봉 시간을 보낸 뒤, 그 어느 때보다 진한 포옹과 의미 있는 감사 인사를 나누었다.

그 후엔 요크서테리어 '몰리'와 '렉시'의 짐을 싸서 윌로우 비치로 차를 몰고 갔다. 날씨는 완벽했다. 따뜻한 햇살은 환하게 비추고 입김이 보일 정도로 공기는 차가웠다. 우리의 몰리와 렉시는 다른 강아지들과 함께 모래 위를 뛰어다녔고, 개 주인들끼리는 서로 크리스마스 인사를 나누었다. 그런 후 앨리가 카메라와 삼각대를 설치하여 처음으로 가족사진을 찍었다. 다시 말하지만 이번이 처음이었다. 엄마, 아빠 그리고 나만 있을 때는 가족사진을 많이 찍었다. 앨리가 태어났을 때는 더 많이 찍었었다. 하지만 벤이 태어난 이후 지금까지 다 같이 카메라

앞에 서거나 누군가에게 사진을 찍어달라고 부탁한 적이 없었다. 해변에서 찍은 이 사진이 완벽하게 나오진 않았다. 우리 뒤쪽이 너무 밝아서 역광 때문에 얼굴이 원래보다 어둡게 나왔다. 강아지들은 아빠 품에서 뛰쳐나가려고 버둥대고 있었고, 앵글이 이상했는지 원래 나보다 작은 앨리가 나보다 더 크게 나오기도 했다. 하지만 그 사진엔 우리 가족 최고의 크리스마스가 담겨 있었다. 우리 가족이 다 함께 보낸 마지막 크리스마스가 그 안에 담겨 있었다.

PART 07

1월:
규칙 다시 쓰기

금주: 24개월째
저축 비율: 56%
이 프로젝트를 완수할 수 있을 거라는 자신감: 90%

새해 전날 나는 포트무디에 있는 아파트로 돌아왔고, 새해맞이 기념으로 케이시를 집에 초대했다. 우리는 치즈, 크래커, 채소, 디저트 등을 차려놓고 탄산수를 마시면서 벽난로 앞에서 휴일의 영화를 감상했다. 우리는 10시쯤 기분 좋게 헤어져 둘 다 자정이 되기 전에 잠이 들었다. 요즘 내가 요즘 바라는 파티의 모습은 이런 식이다.

1월은 조용한 한 달이 될 것 같았다. 계획된 여행은 딱 하나뿐, 일 때문에 토론토에 5일간 머무는 게 끝이었다. 집에서 보낼 수 있는 시간이 늘어날 뿐만 아니라 저축할 기회도 더 생기게 됐다. 나는 쇼핑 금지령 전반부의 진척 상황에 만족했다. 그동안 평균적으로 수입의 19%를 저축했는데, 이전까지는 매달 10% 정도(솔직히 말해서 보통 10% 이하)였던 것에 비교하니 기분이 좋아졌다. 하지만 아직 더 잘할 수 있다는 걸 나는 알고 있었다. 일 때문에 토론토에 가면 먹을 것과 기분 전환에만 지출하게 되는데, 이는 모두 사무실 밖에서 친구들과 시간을 보낼 때 쓰게 되는 돈이었다. 1월 중순, 이 시기에는 대부분의 사람이 시멘트 정글에서 불어오는 매서운 바람을 피해 집에서 동면을 했다. 나 역시 이번 여행 중 시간이 남을 때면 친구 젠의 소파 위에서 그녀의 개 '찰리'와 함께 누워서 시간을 보낼 작정이었다. 나의 마음과 나의 지갑은 그럴 준비가 되어 있었다.

    젠의 아파트에 도착하자 익숙한 풍경이 펼쳐졌다. 사방에 검은 쓰레기봉투가 놓여 있었던 것이다. 현관에서 거실까지 이어지는 복도 벽을 따라 쓰레기봉투가 차례차례 줄을 서 있었다. 계단 위 침실로 가는 길에는 봉투가 더 많았다. 플라스틱 정리함과 종이 상자도 보였다. 안에 뭐가 들었는지는 몰라도 그게 뭔지는 정확히 알 것 같았다. 바로 젠이 자신의 2층짜리 아파트 안에 더 이상 두고 싶지 않은 물건들이었다. 그녀는 잡동사니를 정리하는 중이었다.

젠과 나는 빅토리아에서 함께 자랐다. 겨우 두세 블록 떨어진 곳에 살고 있었기 때문에 그곳으로 처음 이사를 갔던 3학년 때부터 나는 젠과 같이 학교에 다녔다. 어릴 땐 서로의 집에서 잠을 자기도 했고 야간 농구 리그에 나가기도 했다. 고등학교에 들어가서는 서로 관심사가 달라 조금 멀어졌지만, 대학교에 들어간 뒤 다시 친해졌고 그 이후로 줄곧 가깝게 지내고 있었다. 나는 2008년 크리스와 헤어진 직후에도 토론토에 있는 젠의 집을 찾아갔고, 토론토에서 더 많은 시간을 보내고 싶다고 생각하게 되었다. 2012년 내가 금융 스타트업에서 일을 시작했을 때는 젠이 자신의 월세 통제 아파트^{월세로 받을 수 있는 돈에 상한선을 둔 아파트-옮긴이 주} 손님방으로 이사 오라고 했다. 지금은 토론토에 일이 있을 때마다 자신의 집에서 묵을 수 있게 허락해주었다. 젠은 내게 친구보다 자매 같았고 젠의 집이 내 집처럼 편했다.

그러나 쓰레기봉투와 잡동사니 상자 사이에 서보니 그제야 젠이 무엇을 보관하기로 했는지가 눈에 들어왔고, 그녀가 진정 어떤 사람인지 보이기 시작했다. 젠이 직접 사포질하고 다듬은 액자 안에 그녀가 그린 그림들이 있었다. 마찬가지로 직접 손을 본 탁자와 찬장에는 과감한 색으로 페인트칠하거나 벽지를 붙인 서랍들이 끼워져 있었다. 친구들과 함께 보낸 잊지 못할 휴가를 기록하기 위해 만든 사진 앨범과 인쇄물도 보였다. 대형 시계의 각 숫자 자리에는 열두 개의 골동품 컵과 접시가 풀로 붙어 있었다. 그리고 칠판으로 이루어진 벽에는 항상 새로운 인용문과 그림이 가득했다. '젠이 이렇게 창의적인 아이라는 걸 왜 여태 몰랐을까?' '어쩜 이렇게 재능 있고 창의적이며 표현력이 풍부할까?' '서로 20년이나 알고 지냈고 심지어 같이 살기도 했는데, 왜 전에는 이런 걸 보지 못했던 걸까?'

나는 집에 돌아와서도 계속 이 생각을 했고 나는 왜 여태 더 창의적이지 못했을까 고민하기 시작했다. 타고나길 창의력과 재능이 부족한 건 분명 아니었다. 우리 엄마는 어렸을 때 기타를 손에서 놓지 않았다고 했다. 심지어 대학교에서 음악을 공부하려고 지원하고 입학 허가도 받았지만 결국 입학을 포기하고 그 대신 토론토로, 밴쿠버로 나중엔 빅토리아로 이사를 가게 되었다. 하지만 그러면서도 기타는 늘 엄마와 함께였고, 엄마도 항상 기타를 손에서 놓지 않았다. 어릴 때 엄마의 노래와 연주를 들었던 기억이 난다. 엄마는 로큰롤을 좋아했다. 직접 연주를 하지 않을 때면 늘 에어로스미스, 건즈 앤 로지즈, 레드 제플린, 펄 잼, 핑크 플로이드, 트래지컬리 힙 같은 밴드의 음악을 들으며 지냈다. 엄마가 없을 때면 그저 음악을 연주하는 게 어떤 느낌인지 느껴보고 싶어서 나 혼자 기타 케이스를 열어 줄을 퉁겨보곤 했다.

엄마는 늘 손을 바쁘게 움직이는 사람이었다. 내가 태어났을 때, 엄마와 이모는 빅토리아의 로어 존슨 스트리트에 있는 가게 하나를 임대했다. 지금은 빅토리아에서 가장 최신 의류 매장이 있는 자리였다. 그곳에서 두 사람은 직접 디자인하고 만든 물건들과 함께 원단을 팔았다. 옷걸이엔 아동복, 티셔츠, 레깅스, 원피스 등이 걸려 있었다. 이모가 퀼트를 했기 때문에 직접 만든 퀼트 제품도 같이 팔았다. 지금 생각해보면 엄마는 한동안 재봉틀에도 딱 붙어 지냈다. 중고품 매장에서 찾지 못한 옷이 있으면 엄마가 직접 만들어주었다. 아이들이 요구할 수 있는 가장 화려한 옷, 핼러윈 의상까지 포함해서 말이다. 내가 네 살 때 엄마는 나를 미니 마우스로 변신시켰다. 장갑, 신발, 귀, 리본까지 빠트리지 않았다. 여덟 살 때는 영화 〈알라딘〉 속 금발의 재스민 공주가 되었다. 코스튬은 엄마의 특기인 듯했다. 엄마는 앨리에게도 똑같이 핼러윈 의상을 만들어주었고 피겨 스케이팅용 치마나 대회용 드레스도 직접 만들었다. 엄마는 결국 이 재능으로 작은 사업까지 하게 되었고 순식간에 피겨 스케이팅 클럽에서 가장 인기 많은 드레스 제작자가 되었다.

아빠도 마찬가지였지만 아빠의 창의력은 좀 더 건설적인 형태로 나타났다. 우리 형제가 자란 집은 아빠가 어릴 때부터 살던 집으로, 아빠의 어머니가 은퇴해서 웨일스로 이사를 가면서 우리 부모님께 팔고 간 것이었다. 그래서 집 안 곳곳에서 아빠의 작업 흔적이 그대로 남아 있었다. 지하실 천장에는 아빠가 그은 연한 선들이 그대로 있었다. 아빠가 할아버지를 도와 벽을 허물고 오픈 콘셉트 공간을 만들 때 생긴 것이었다. 할머니가 온타리오에서 이사를 와서 한동안 우리와 함께 살았을 때는 아빠가 차고를 최신식 주방으로 개조했다. 할머니가 돌아가신 후에는 상속받은 유산을 이용해 25평 규모의 차고를 직접 만들기도 했다. 그는 집에 붙어 있는 목제 테라스를 잘라내어 제거한 후 뒤뜰에 새로 시멘트를 부어 테라스를 만들었다. 집 외부 배수 시스템을 교체해야 했을 때는 전체 집 주변에 도랑을 파고 직접 공사를 했다. 치장용 벽토를 싹 제거한 뒤 새로운 외장 자재를 자르고 칠하고 붙였으며, 모든 창문을 다 교체하고, 장작 난로 두 개를 설치했다. 아빠는 다소 충동적이었다. 뭔가 문제를 발견하면 곧바로 어떻게 수리할지 고민한 뒤 작업에 돌입했다. 그리고 모든 걸 딱 필요한 만큼 잘 해냈다. 아빠와 나의 차이는 아빠는 문제를 실제로 해결한다는 것이었다. 나도 언젠가 문제를 해결할 생각으로 무언가를 구매하지만, 그 언젠가가 그리 자주 오질 않았다.

그러다 보니 부모님은 각자의 개인적인 역량을 결합시켜 집 안 곳곳에 그 어느 곳보다 창의적인 해결책을 내놓았고, 그것이 부엌에서 가장 많이 드러났다. 아빠는 퀸

사이즈 매트리스만 한 화단을 만들었고, 우리는 거기에 다양한 모양, 크기, 색깔의 채소를 심었다. 땅콩호박, 주키니호박, 오이, 감자, 순무, 당근, 토마토, 각종 허브까지. 가위를 들고 화단으로 뛰어가 맨땅에 발을 묻은 채 저녁 식사 때 쓸 쪽파를 자르던 기억이 아직도 생생하다. 뒷마당 오른쪽에는 과일나무가 줄지어 서 있었다. 뒤쪽에서부터 사과, 배, 자두나무가 한 그루씩에 체리나무 세 그루가 있었고, 복숭아와 천도복숭아 나무가 집에 바짝 붙어서 자라고 있었다. 뒤뜰 왼쪽으로는 사과나무 여러 그루에 옆집에서 넘어온 웃자란 블랙베리와 로건베리 덤불이 있었다. 봄이 오면 주말마다 과일을 따서 병조림을 만들었다. 다 같이 다닥다닥 붙어서 일해야 하는 좁은 부엌이니만큼 상당히 힘든 작업이었다. 여름이 지나고 가을이 오면 (아직도 내가 가장 좋아하는) 블랙베리 잼을 만들었다. 또 크리스마스가 지나서까지 먹을 수 있게 사과, 블루베리, 블랙베리 파이를 잔뜩 구워서 냉동시켰다. 아빠가 파이 껍질 부분을 만들면, 엄마는 안에 넣을 필링을 만들었다. 언제나 함께 힘을 합쳐야 했다.

  부모님은 모든 걸 자기 손으로 할 수 있다는 것을 자랑스러워했다. 그런데 나는 왜 그러지 못했을까? 왜 더 창의적이지 못했을까? 왜 더 관심을 가지고 그들의 기술을 배우지 않았을까? 그리고 부모님이 우리에게 해주었던 모든 것을 왜 고마워하지 않았을까? 이 질문들은 그 자체로 충분히 무거웠다. 그러던 어느 날 앨리가 나에게 전화를 걸어 부모님이 이혼할 것 같다고 말했다.

난 여동생이 이런 말을 하는 날이 오리라고는 상상도 한 적이 없었다.

"엄마랑 아빠가 이혼할 것 같아."

물론 부모님의 이혼을 예측하는 아이들도 있다. 부모님이 싸우는 소리를 들으며 자랐다거나 긴장감으로 가득한 집에서 살면 그렇게 된다. 지금 상황이 너무 안 좋다는 걸 알아서 빨리 끝이 오기를 기도하는 아이들도 있다. 하지만 우리 집은 그렇지 않았다. 난 여동생이 이런 말을 하는 날이 올 줄 꿈에도 몰랐다.

전화기 너머로 동생이 우는 소리가 들렸다. 너무 심하

게 흐느껴 울길래 계속 숨을 쉬라고 일러주었다. 그리고 흥분을 가라앉히고 설명을 좀 해보라고 부탁했다. 하지만 동생의 말은 조리가 전혀 없었다. 앨리는 우느라 숨을 헐떡여가면서 증거는 없지만 그냥 느낌이 그렇다고 말했다. 몇 차례 이상한 대화를 들었고 이혼을 떠올리게 하는 몇몇 징후들이 집 안 곳곳에서 튀어나오긴 했지만 딱히 증거는 없다고 했다. 그럼에도 이혼이 아닐 거라고는 절대 생각하지 않았다.

나는 좀처럼 앨리의 말을 믿을 수가 없었다. 지난달, 엄마는 아빠랑 쿠바 여행을 계획했다며 내게 2월에 빅토리아에 와서 개들을 돌봐줄 수 있냐고 물었다. 두 분은 적당한 날짜를 보면서 아빠의 업무 스케줄이 확정되기만을 기다리고 있고, 곧 결정이 날 거라고 했다. 이 대화는 겨우 3주 전, 최고의 크리스마스를 보낸 직후에 일어난 것이었다. 어떻게 그사이에 상황이 이렇게 급변할 수 있는 걸까? 아무래도 불가능했다. 앨리 말이 맞을 리가 없었다.

나는 앨리에게 새로운 소식이 있으면 꼭 알려달라고 부탁하면서 언제라도 전화하라고 말해주었다. 앨리는 정말로 그렇게 했고, 그녀의 말이 맞았다. 정말로 문제가 생긴 것 같았다. 나는 가족들과 떨어져 있었기에, 내가 할 수 있는 건 가족들과 더 자주 소통하고 우리의 대화를 통해 무엇을 알아낼 수 있는지 확인하는 것뿐이었다. 엄마는 처음 내 전화를 받고는 기뻐하는 것 같더니 이야기를 나눌수록 점점 거리를 두었다. 아빠는 평소답지 않게 말수가 적었다. 언제나 무슨 이야기든 할 준비가 되어 있던 사람이 그 무엇에 관해서도 딱히 말이 없었다. 우린 시시콜콜한 것까지 다 이야기하던 가족에서 날씨 이야기만 하는 가족이 되어버렸다.

앨리는 모든 게 자기 탓이라고 생각하는 단계를 지나고 있었다. 그녀는 내게 전화를 걸어 자기가 집안일을 좀 더 많이 하거나 학교에서 성적을 잘 받아오면 상황이 좀 나아질지 묻곤 했다. 그럴 때마다 나는 앨리를 달래며 기분이 나아질 만한 일이 있으면 뭐든 하라고, 이건 네 잘못이 아니라고 말해주었다. 부모님 사이에서 무슨 일이 벌어지고 있든 그게 앨리의 잘못은 아니었다. 다른 건 잘 몰라도 그 사실만은 분명했다.

나는 나 스스로에게 묻고 싶은 질문을 앨리에게 대신

묻지 않았다. 이건 형제 중 맏이로서, 특히 동생보다 여덟 살, 열 살이나 많은 맏이로서의 숙명이다. 맏이는 본인의 짐뿐만 아니라 형제들의 짐도 같이 들어주어야 한다. 동생들이 찾아오는 데는 이유가 있다. 맏이라면 동생들의 문제 상황을 아예 막아줄 수는 없지만, 문제가 있어도 괜찮다는 믿음은 주고 싶어 한다. 혼란과 고통으로부터 동생들을 보호하고 싶어서 동생들의 문제와 본인의 문제를 같이 짊어진다. 다만 맏이도 자기 나름의 혼란과 고통이 있다는 걸 아무도 모른다. 맏이도 아파하고 있다는 걸 아무도 몰라준다.

나는 완벽한 자식도 아니었고, 부모님이 내 훈육 문제로 싸울 일이 없을 정도로 어릴 적 행실이 발랐던 것도 아니었다. 하지만 그렇다고 내가 문제의 일부일 거라고 생각한 적은 없었다. 왜냐하면 나는 성인이기 때문이다. 우리 모두 마찬가지였다. 앨리, 벤 또는 내가 문제의 일부일 리가 없었다. 하지만 나는 이 상황을 해결하기 위해 내가 무엇을 할 수 있을지 스스로에게 질문했다. 당장 임기응변일 뿐이더라도 할 일이 있으면 할 생각이었다. 우리는 가족으로서 길을 잃었기에, 모두 다시 배에 태우고 옳은 방향으로 배를 몰고 갈 수만 있다면 뭐든 할 생각이었다.

이것이 가족 안에서 항상 내가 해오던 역할이었다. 아빠가 1년에 절반 정도는 집을 비웠기 때문에 나는 필요할 때마다 언제든 소매를 걷어붙이고 도울 준비가 되어 있어야 한다고 생각하며 자랐다. 앨리와 벤에게는 나와 같은 책임감이 없었다. 둘은 설거지를 하고 쓰레기를 내다 버리는 게 일이었지만, 나는 그들을 돌봐야 했다. 나는 '아이들' 중 한 명이 아닌 세 번째 어른이었다. 그 사실을 괜찮게 여겨야 했고, 나도 괜찮다고 생각했다. 하지만 부모님이 헤어질지도 모른다는 상상은 나를 현실로 되돌려 놓았다. 나는 그들의 아이 중 한 명이었고 이런 일이 일어나는 걸 원치 않았다. 난 가족들이 함께하기를 원했다.

손에 쥐고 있던 것이 점점 사라지고 있다는 느낌이 더 강하게 들수록 부모님이 우릴 위해 해주었던 모든 것에 대해 왜 고마워하지 않았는지 집착하며 스스로에게 더 자주 묻게 되었다. 엄마가 바느질하는 법을 알려주겠다고 했는데 나는 왜 거부했을까? 고등학교 과제로 바느질을 해야 했을 때 엄마에게 도와달라고, 아니 대신 만들어

달라고 부탁했던 일이 떠오르며 후회만 가득 남았다. 왜 엄마가 하는 걸 그냥 지켜보는 것조차 하지 않았을까? 왜 엄마의 관심사에 흥미를 보이지 않았을까? 실제로 나에게 도움이 될 수도 있는 기술인데 왜 배울 생각을 안 했을까? 그리고 아빠에게는 왜 자동차 오일 교환하는 법을 배우지 않았을까? 왜 아빠가 하는 걸 그냥 지켜보는 것조차 하지 않았을까? 왜 아빠의 관심사에 흥미를 보이지 않았을까? 실제로 나에게 도움이 될 수도 있는 기술인데 왜 배울 생각을 안 했을까? 그 시간에 나는 뭘 하고 있었던 걸까?

마지막 질문에 대한 답은 내가 알고 있었다. 나는 무언가에 돈을 쓰고 있었다. 디지털 혁명 속에서 자라나 "(모두가 새로운 것, 어울리는 것을 원하는) 핀터레스트 세대"라 일컫는 세대에 속하게 되고, 또 독립을 해서 집을 나갔다. 그러다 보니 부모님이 가졌던 기술을 배우는 대신 모든 걸 싼 가격에 돈을 주고 사는 방법을 택했다. 뭔가 스스로 해내는 경험보다 편리함에 가치를 두었던 것이다. 뭐든 직접 하는 것이 나의 전반적인 노동관을 반영하는 것도 아니었고, 부모님이라고 해서 모든 기술을 다 익혀서 전승하는 것도 아니었다. 나는 요리도 할 줄 알고 빵도 구울 줄 알았다. 몇 년간 부모님을 도와 앨리와 벤을 보살피면서 집도 깨끗하게 유지했다. 하지만 길 건너 저렴한 시장에서 채소를 살 수 있는데 왜 귀찮게 내가 길러 먹어야 하지? 5달러6,500원면 살 수 있는 티셔츠나 민소매 셔츠를 왜 몇 시간을 들여 바느질해야 하지? 이미 잘 만들어진 새 가구를 사면 되는데 왜 피, 땀, 눈물을 흘려가며 몇 시간 동안 사포질을 해야 하지? 하지만 이는 수년간 스스로 만들어온 합리화였다. 살 수 있으면 그냥 사는 것, 그것도 웬만하면 신용카드로.

    생각할수록 더 최악인 건 시간을 아끼기 위해 돈을 썼지만, 사실 시간까지 대부분 낭비하고 있었다는 사실이었다. 열네 살 또는 열다섯 살부터 내 삶은 텔레비전을 중심으로 돌아갔다. 매일 좋아하는 프로그램이 몇 개 방송되는지 알고 있었고 거기에 맞춰 스케줄을 짰다. 월요일, 목요일, 일요일은 적어도 두세 시간 동안 진행되는 프로그램으로 가득 차 있어서, 다른 사람들이 집에 들러서 같이 보지 않는 이상 다른 일은 할 수도 없었다. (금요일과 토요일에는 봐야 할 게 없었냐고? 그날은 내가 파티를 해야 한다는 걸 방송국도 아는 모양이었다.) 심지어 다른 평일 밤에도 좋아하는 프로그램을 보기 위해 집에 있는 쪽을 선호했다.

나의 텔레비전 중독은 좋아하는 프로그램이 DVD로 출시되기 시작하면서 더욱 심해졌다. 이미 본 에피소드인 건 중요하지 않았다. 난 처음부터 다시 보고 싶었고 종종 이걸 한 차례 이상 반복하기도 했다. 이즈음 '몰아보기'라는 말이 유행하고 있었고 나도 몰아보기에 빠졌다. 나는 지하실에 있는 갈색 가죽 소파, 너무 오래 써서 결국 찢어지기까지 한 그 소파 귀퉁이에 자리를 잡고 텔레비전을 보았다. 더 최악인 건 이때 부모님에게 가장 많이 한 변명이 "너무 바빠요"였다는 것이다. 부모님을 도와드리거나 배울 시간은 없다고 해놓고 〈The O.C.〉^{미국의 유명 10대 드라마}는 너무 자주 봐서 전체 네 시즌의 대사를 거의 다 외울 수 있을 정도였다. 하지만 난 너무 바빠서 부모님에게 그들의 지식을 물려받을 수 없었다. 난 너무 바빠서 그들과 귀중한 시간을 같이 보내지 못했다. 너무 바빠서 추억을 쌓지 못했다.

나만 이러진 않았을 것이다. 텔레비전 앞에서 몇 시간

을 보내면서 "너무 바빠서 다른 일은 할 수가 없어요"라고 변명하는 사람들이 많다는 걸 알고 있다. 놀랍게도 이건 우리 세대만의 특징이 아니라, 전자 기기가 우리 삶의 중요한 부분을 차지하면서 많은 사람에게 생긴 변화라는 걸 알게 되었다.

대학에서 내가 가장 좋아했던 수업 중 하나는 미디어와 문화 연구였다. 수업을 들으며 처음으로 깨달음의 순간이 찾아온 건 '플로'라는 주제로 과제를 쓸 때였다. 미디어에서 '플로'란 프로그래밍을 뜻하는 또 다른 단어로, 방송사에서 하나의 프로그램에서 (그 사이 광고를 포함하여) 다른 프로그램으로 넘어갈 때 설정해놓은 매끄러운 전환을 일컫는다. 사람들은 자연스러운 플로 덕분에 그 방송사에서 틀어주는 다음 프로그램을 계속해서 보게 된다. 한 프로그램이 끝날 때 다음에 방송될 프로그램을 알려주는 이유는 단 하나다. 바로 채널을 돌리지 못하게 하기 위해서다. 그리고 이게 나에게도 몇 년간 효과가 있었다.

2011년 카드 한도를 초과하게 되어 가장 좋았던 점 중 하나는 예산 확보를 위해 어쩔 수 없이 케이블을 끊은 일이었다. 나는 이 결정을 결코 번복하지 않았고 앞으로도 그럴 생각이 없다. 케이블이 없어지니 학위를 마치고, 블로그를 시작하고, 직업을 바꾸고, 부업으로 프리랜서를 시작할 여유 시간이 생겼다. 그것도 모자라 밖으로 나가서 친구들과 하이킹을 하고, 내가 사랑하는 사람들과 더 많은 시간을 보낼 수 있게 되었다. '너무 바쁠' 틈이 없었다. 과거에 내가 했던 일은 바빠지고 싶어서 선택한 일일 뿐이었다. 과거의 나는 사람들보다 TV를 더 우선시했고 사람들과의 소중한 시간을 놓쳐버렸다. 하지만 더 이상 아까운 시간을 놓치고 싶지 않았기에 드디어 부모님께 도움을 요청할 때가 왔다고 생각했다.

언젠가 올 거라고 생각했던 바로 그날이 왔다. 올해 안에 언젠가 내가 가지고 있는 무언가가 헤지거나 부서지거나 고장 나서 교체해야 할 날이 오리라는 걸 알고 있었다. 결국 첫 번째 물건은 잠옷 바지, 내 유일한 잠옷 바지가 되었다. 천이 어딘가에 걸려서 솔기를 따라 찢어진 것이다. 처음엔 본능적으로 버릴까 생각했다. 어차피 저

럼한 천으로 만든, 저렴한 대형 상점에서 산, 저렴한 바지였기 때문이다. 게다가 새로 사는 것도 허락이 됐다. 원래 아이템을 없애버리기만 하면 교체가 필요한 경우 교체가 가능했다. 그게 규칙 중 하나였다. 그리고 돈도 얼마 안 들 것이다.

하지만 그 대신 나는 다른 충동을 따랐다. 바로 가족 중 다른 여성, 그러니까 엄마, 이모, 할머니, 앨리에게 도움을 청하기로 한 것이다. "다음 달에 집에 가면 바느질하는 법 좀 가르쳐줘." 다들 놀랐지만 기뻐하면서 모두 똑같이 반응했다. "당연하지!"

그때부터 나의 질문이 끊임없이 이어졌다.

어떤 실을 써야 하는지는 어떻게 알죠? 실수를 하면 어쩌죠? 재봉틀을 빌려서 포트무디로 가져오고 나서 연습해야 할까요? 내가 재봉틀을 고장 낼 수도 있지 않을까요? 오이는 언제 심는 게 적기죠? 케일, 피망, 토마토는요? 우리 집 테라스에 미니 정원을 만들어도 될까요? 그러려면 화분은 어떤 크기를 사야 할까요? 흙은 어떤 종류가 필요하죠? 비료도 필요할까요? 가격은 얼마쯤 할 것 같나요? 잼을 만들려면 베리는 언제쯤 따야 하나요? 8월 초, 아니면 8월 말, 그것보다 더 나중에? 잼 한 솥 끓이는 데 얼마나 걸려요? 주말 내내 해야 할까요, 아니면 하루 안에 다 될까요? 베리와 설탕의 정확한 비율은 뭐죠? 퇴비 만들기에 대해 아는 거 다 말해주세요. 테라스에 작은 퇴비 용기를 둬도 될까요? 퇴비 용기가 다 찼는데 딱히 버릴 데가 없으면 어떻게 해야 해요?

나의 질문은 끊임없이 이어졌다. 마치 내가 세상이 돌아가는 원리를 이해하려고 애쓰는 꼬맹이가 된 것 같았다.

나는 부모님께 이런 질문들을 하는 동시에 인터넷이라는 토끼 굴로 파고 들어갔다가 예전에는 생각한 적 없는 것들을 가지고 다시 땅 위로 올라왔다. 처음 쇼핑 금지를 내렸을 때 나는 "미니멀리즘"을 받아들이고 싶으며 덜어내는 삶을 사는 법을 배우고 싶다고 글을 썼고, 실제로 그렇게 했다. 그리하여 현시점의 나는 이미 집에 있던 물건의 54%를 없앴다. 승인된 쇼핑 목록에 있는 소량의 물건들만 구입했고, 필요하지 않은 것들을 사는 버릇을 없앴다. 이미 충분히 미니멀리스트로 사는 것처럼 느껴졌다. "덜어내는" 삶이 무엇인지 이해했고 이 터널의 끝에서 빛이 보이는 것 같았다. 5개월 동안 하던 대로만 계속하면 결승선에 도착할 수 있을 것 같았다.

하지만 미니멀리즘이 정체성의 혼란을 겪고 있는 듯했다. 작은 정원 만드는 법, 쓰레기 줄이는 법, 자급자족하는 법에 대한 정보를 찾다 보니 놀랍게도 기사에 등장하는 **미니멀리즘** 단어가 **단순한 삶**simple life이라는 용어와 혼용되어 사용되고 있었기 때문이다. 내가 읽은 기사들은 모두 내 어린 시절을 떠올리게 했다. 맨발로 흙을 밟던 기억, 직접 만든 파이 크러스트로 가득한 식탁, 병조림 과일로 가득한 찬장이 생각났다. 난 그런 것들을 원했다. 그런 게 다시 필요했다.

그래서 나는 더 많은 질문과 더 많은 조사를 했고, 결국 더 단순한 삶을 살기 위해서는 쇼핑 금지령 규칙 중 일부를 바꿔야 한다는 결론에 도달했다. 나는 미니 정원용 용품들을 구입해서 나를 위해 씨앗을 심고 무언가를 키우길 원했다. 홈메이드 캔들용 재료를 사서 나 자신을 위해 아름답고 유용한 걸 만들고 싶었다. 샴푸나 컨디셔너 같은 세정 용품 만드는 법을 배워서 화학성분이 거의 없는 제품을 만들어 쓰는 게 가능하다는 걸 보여주고 싶었다. 나는 블로그에 나 자신에게 더 도전하기 위해 "판돈을 올리는 중"이라고 썼다. 그것도 거짓말은 아니었지만 진짜 진실은 내가 살던 삶으로 돌아가기 위해 규칙을 바꾸었다는 뜻이었다.

쇼핑 금지령을 위한 새로운 규칙

🛒 쇼핑해도 되는 것

- ✓ 식료품
- ✓ 화장품과 욕실용품 (다 썼을 때만)
- ✓ 다른 사람을 위한 선물
- ✓ 승인된 쇼핑 목록에 있는 아이템
- ✓ 정원용품
- ✓ 세정 용품, 세탁 세제를 만들기 위해 필요한 재료
- ✓ 캔들 만들기 용품

🛒 쇼핑해서는 안 되는 것

- ✓ 테이크아웃 커피
- ✓ 옷, 신발, 액세서리
- ✓ 책, 잡지, 공책
- ✓ 생활용품 (양초, 장식품, 가구 등)
- ✓ 전자제품
- ✓ 기본적인 부엌 용품 (비닐랩, 은박지 등)
- ✓ 세정 용품, 세탁 세제

PART
08

2월:
미래를 놓아주기

금주: 25개월째
저축 비율: 53%
정리한 물건 비율: 60%

2월 초, 나는 뉴욕 시로 혼자 여행을 떠났다. 세 번째 방문이었지만 이번이 가장 기억에 남는 여행이 되었다. 여행지로서 뉴욕 시는 원하는 만큼 아주 싸게 갈 수도 있고 반대로 아주 비싸게 갈 수도 있는 곳이라 배웠다. 이번 여행에서는 항공료를 아끼기 위해 포인트를 사용했고, 숙박료를 아끼기 위해 새언니의 집 소파에 묵었다. 커피, 음식, 록펠러 센터의 전망대 엘리베이터 요금을 제외하고는 단 한 푼도 쓰지 않았다. 쇼핑이 허락되지 않았기 때문에 쓸 수가 없었다.

이번 여행이 가장 기억에 남는 이유는 다른 친구들과 함께 갔던 이전 여행이 생각났기 때문이다. 리안은 영국 런던에 살고 있는 동료 작가로, 개인 금융 블로그를 운영하고 있었다. 우린 다른 사람의 블로그 포스트에 댓글을 달다가 만나서 돈, 일, 관계에 대해 장문의 이메일을 주고받는 친구 사이가 되었다. 데이비드도 불과 1년 전까지 연락하던 캐나다 블로거였다. 그의 글은 신선하고 통찰력이 있어서 그를 통해 돈, 일, 삶에 대한 다양하고 새로운 시선을 많이 배웠다. 2~3일간 이어진 세 번의 여행 모두 같은 장소에서 일어났다는 사실이 가장 뜻밖이지만, 그게 바로 뉴욕 시의 마법이 아닌가 싶다.

리안과 나는 관광객들의 하는 대로 따라 했다. 록펠러 전망대에서 도시 너머로 지는 해를 보며 사진을 찍었고, 그랜드 센트럴 터미널 바닥에 앉아 있었으며, 처음부터 끝까지 셀 수 없이 많은 사진을 찍었다. 데이비드와 나는 말도 안 되게 많이 걸어 다녔다. 이스트 빌리지에서 웨스트 빌리지로 간 뒤, 하이라인 공원을 지나고, 첼시를 통과한 후, 다시 이스트 빌리지로 돌아올 때까지 커피를 마시기 위해 딱 세 번 쉬었다. 기록상 가장 추운 2월이었지만 개의치 않았다. 가끔 휴대폰을 확인하느라 장갑을 벗지만 않았더라면 딱히 추운지도 몰랐을 것이다.

  내가 뉴욕에 있는 내내, 앨리는 집에서 무슨 일이 일어나고 있는지 소식을 전하려고 계속해서 메시지를 보냈다. 우리는 어릴 적부터 가족이 멀리 외지에 나가 있을 때면 그 사람에게 사소한 다툼이나 걱정거리를 말해선 안 된다고 배웠다. 특히 아빠가 일 때문에 바다에 나가 있을 때는 더더욱 그랬다. 멀리 있는 사람 입장에서는 아무리 일상적이고 사소한 일이라도 직접 해결해줄 수가 없는 노릇인데, 괜히 이야기를 들었다가 걱정과 스트레스만 늘기 때문이다. 나는 항상 이것이 멀리 떨어져 있는 사람과의 관계에서 훌륭한 방침이라고 생각했다. 하지만 지금은 달랐다. 앨리는 당장 이야기를 털어놓을 사람이 없었다. 엄마나 아빠와의 대화 후 불안한 마음이 들어도 그걸 함께 나눌 사람이 없었다. 앨리는 안정된 기분을 느끼고 싶었다. 그걸 알기에 나는 절대로 앨리에게 그만하라고 하지 않았다. 그 대신 장갑을 벗은 손이 얼얼해지도록 앨리와 오래도록 대화를 나누었다. 그리고 여행 후 집으로 돌아간 나는 직접 상황을 확인하기 위해 빅토리아로 가야만 했다.

집에서의 첫날밤은 조용했다. 우리의 대화는 대부분 나의 뉴욕 여행과 일에 관한 것이었다. 다음 날도 괜찮았다. 역시나 조용했고, 모든 게 평상시와 다름없이 평범하고 일상적인 듯 느껴졌다. 아침엔 부모님이 식탁에 같이 앉아 있었다. 엄마는 일하러 갈 준비를 했고 아빠는 신문을 읽었다. 각자 커피와 차를 마시고 서로 이야기를 하고 웃기도 했다. 셋째 날, 여느 때와 다름없는 아침 풍경을 보며 도대체 앨리는 뭘 걱정했었던 건지 궁금해지기 시작했다.

그날 오후, 나는 거실에서 일을 하고 있었다. 부엌에서 가지고 나온 메모장에다 정신없이 무언가를 끼적이던 중 자리가 없어 다음 장을 넘겼다가 그사이에 끼워져 있던 종이 한 장을 발견하게 되었다. 종이는 인쇄된 글자가 위로 가게 반으로 접혀 있었고, 맨 첫 줄에 이렇게 적혀 있었다. "재산 분할은 어떻게 할 거야?"

난 숨이 턱 막혔다. 갑자기 거실에 안개라도 깔린 듯

눈앞이 뿌옇게 변하면서 모든 게 예전과는 달라 보였다.

  종이에 적힌 걸 모두 읽어 본 나는 진실을 깨달았다. 부모님은 이혼 중이었다. 난 종이를 들고 거실을 나온 후, 부엌을 통과하고 복도를 지나서 앨리의 방으로 들어갔다. 그리고 방문을 닫은 다음 떨리는 손으로 앨리에게 종이를 건넸다. 앨리는 비명을 질렀고 우린 둘 다 울음을 터트렸다. 앨리가 맞았다. 앨리가 온몸으로 느꼈던 그 공포와 의심이 모두 옳았다. 그녀의 직감이 옳았다. 나는 틀렸다. 나는 불과 두 달 전에 최고의 크리스마스를 보냈기 때문에 이건 말이 안 된다고 생각했다. 그날 아침 부모님이 식탁에 앉아 같이 웃고 있었기 때문에 이건 말이 안 된다고 생각했다. 우리이기 때문에 이건 말이 안 된다고 생각했다. 우리 가족이기 때문에, 모든 걸 터놓고 이야기하는 가족이기 때문에…. 우리의 좌우명은 늘 '플랜더스 가족에게 비밀은 없다'였다. 그런데 비밀이 드러났다. 마침내 가장 큰 비밀이 불거져나왔고, 우린 그걸 처리해야만 했다.

부모님이 왜 헤어졌고 그게 그들과 형제들에게 어떤 영향을 끼쳤는지 자세하게 이야기하진 않을 생각이다. 내 이야기가 아니기 때문이다. 그 대신 부모님의 이혼이 내게 어떤 의미였는지는 말할 수 있다. 그 종이를 발견하고 앨리에게 보여준 뒤 우리는 부모님에게 가서 대화를 나누었다. 그런 다음 모두 흩어져서 이 소식, 결코 종이 한 장으로 밝혀지게 되리라고는 생각도 못한 소식을 어떻게 받아들여야 할지 고민했다. 내가 느낀 건 그저 참담함이었다.

나는 친구인 트래비스와 파스칼의 집으로 차를 몰고 가서 그들의 아이들과 놀아주며 기분 전환을 했다. 하지만 다들 잠자리에 들고 나 혼자 소파에 웅크리고 누워 있자니 눈물이 나기 시작했다. "이다음 단계는 뭐야? 우리 집은 어떻게 되는 건데?"라며 큰 소리를 내기도 했다. 그 집은 1950년대부터 아빠의 가족이 쓰던 것이었고, 1994년부터 내 삶에 등장했다. 엄마가 아빠를 만나기 전 우리의 삶은 전혀 안정적이지 않았다. 내가 태어나서 일곱 살이 될 때까지 엄마와 난 일곱 군데 집에서 살았다. 학년이 바뀔 때마다 학교가 바뀌었고, 어쩌다 또 이사를 하게 되면 학기 중간에 학교를 옮길 때도 있었다. 하지만 앨리가 태어난 후 우린 이 집으로 이사를 했고 줄곧 여기서 살았다. 때론 서로 침실을 바꾸거나 가구 위치를 옮기기도 했지만 절대 이 집을 떠나진 않았다. 나는 남은 학년 동안 하나의 초등학교와 하나의 고등학교에 다녔으며, 10개월 이상 이어지는 우정을 쌓았다. 우린 가족과 친구들에 대해 문호 개방 정책을 펼쳤기에 집에는 늘 잠시 들른 사람들이 한두 명씩 있었다. 그리고 내가 어디로 이사를 가거나 여행을 가더라도 내게는 변함없는 집이 있었다. 우린 그걸 잃을 수 없었다. 나는 그걸 잃을 수가 없었다.

뒤이어 나는 과연 이혼이 원활하게 진행될지, 모두가 괜찮을지 걱정하기 시작했다. 생각이 너무 앞서간 나머지 부모님이 노년이 되었을 때 홀로 된 모습을 미리 걱정하기도 했다. 난 두 분이 갈라서는 것도 싫었지만, 두 분 중 누구라도 외로이 혼자 남게 되는 게 너무너무 싫었다. 개들은 또 어떻게 되는 걸까? 세상에, 우리 개들. 개들이 늘그막에 불확실한 상황을 맞아야 한다고 생각하니 너무 안타까웠다. 이제 개들도 예전만큼 변화에 잘 적응하지 못할 나이였다. 이혼이 개들에게는 어떤 영향을 끼칠까?

이 일이 형제들에게는 어떤 영향을 끼칠까 생각하다 보니 울음소리도 점점 커졌다. 나는 평생 앨리와 벤을 보살피며 살았다. 그들을 앞에서 이끌어주었고, 가능한 한 혼란과 고통으로부터 그들을 보호해주었다. 나는 우리가 각자 다른 방식으로 이 상황을 견뎌낼 거라 믿었다. 그래서 가능한 한 모두가 중립적이기를, 괜히 서로 누군가의 편을 들다가 더 뿔뿔이 흩어지는 일이 없기를 기도했다. 다만 이번에는 내가 그들을 이끌어줄 수가 없었다. 둘 다 각자의 경계를 정하고 규칙을 만든 뒤 자신의 감정을 다스려야 했다. 나는 이혼의 영향으로부터 그들을 보호해줄 수 없었다. 마찬가지로 그들도 나를 보호해줄 수 없었다. 애초에 나를 보호해주는 건 '동생으로서 해야 할 일' 목록에 존재한 적이 없었다.

마지막 눈물은 나 자신을 위한 것이었다. 난 이런 날이 올 줄 몰랐다. 앨리가 그렇게 걱정하면서 이야기했는데도 나는 미처 마음의 준비를 하지 못했다. 우리 가족에게 이혼이란 있을 수 없는 일이었다. 나는 말 그대로 준비가 안 되어 있었다. 특히나 개인적으로나 일적으로나 이미 많은 변화와 도전을 겪은 한 해였기에 지금으로서는 이 모든 게 너무나 벅찼다. 지금까지는 무슨 일이 있을 때마다 늘 그 자리에 있는 가족들에게 의지해왔다. 우리 집, 우리 부모님, 나의 의붓형제자매들, 나의 유일한 동생들, 그리고 강아지들. 나에게 중요한 건 이게 다였다. 그리고 그들 모두가 한 지붕 아래에 있었다. 이제 다시는 이들이 한 지붕 아래에 있을 수 없게 되면 어쩌지? 어떻게 이런 일이 일어날 수 있지?

부모님 집으로 돌아가는 길, 나는 말라핫 도로를 내려가고 있었다. 그곳은 빅토리아와 밴쿠버 섬을 구분하는 산을 빙 둘러서 지나가는 1번 고속도로 중에서도 가파른 구간이었는데, 느닷없이 숨이 가빠왔다. 목뒤로 땀이 흐르기 시작하면서 빨리 차에서 내려서 셔츠를 찢어버리고 싶은 충동에 휩싸였다. 하지만 그럴 수가 없었다. 말라핫은 양방향으로 가는 차선이 단 하나뿐이었고 잠시 차를 세울 갓길도 없었다. 심장이 미친 듯이 뛰기 시작하면서 운전대를 잡은 손이 땀으로 축축해졌다. '숨을 쉬어, 케이틀린. 깊이 숨을 들이마시고, 천천히 내뱉어. 거의 다 왔어.' 나는 끊임없이 혼잣말을 되뇌며 남은 7km를 운전했다. '깊이 들이마시고, 내쉬고. 거의 다 왔어. 거의 다 왔어.' 고속도로에서 나오자마자 나는 차를 세우고 밖으로 뛰쳐나갔다. 그리고 인도 위에서 공처럼 몸을 동그랗게 웅크렸다. 아스팔트에서 찬 기운이 올라와 몸까지 전해지자 점점 호흡이 안정됐다. 난 휴대폰을 꺼내 덴버에 있는 클레어에게 전화를 걸었다. "부모님이 이혼하신대. 그리고 나 지금 공황 발작이 왔어."

공황 발작을 경험한 게 처음은 아니었다. 공황이 왔을 때 클레어에게 전화한 것도 처음은 아니었다. 처음 두 번의 경험은 2004년에 일어났다. 한 번은 새로운 직장에서의 첫날에 경험했고, 또 한 번은 셋째 날 출근하기 전 아침에 경험했다. 난 두 번의 발작을 이 일이 내게 맞지 않다는 징후로 받아들였고 바로 일을 관뒀다. 세 번째는 2013년, 세인트루이스 시내에서 램버트 세인트루이스 국제공항으로 가는 기차 안에서 벌어졌다. 여행 전 나는 쉴 틈 없이 일을 했다. 어떤 때는 하루 열다섯 시간 동안 컴퓨터 앞에 앉아 있기도 했다. 블로그 콘퍼런스에서 친구들과 시간을 보내며 며칠 쉬고 났더니 다시 빽빽한 스케줄로 돌아가는 게 너무나 두려웠다. 기차 안에서 나는 익숙하고도 끔찍한 증상이 서서히 진행되는 걸 느꼈다. 호흡이 거칠어지고, 목뒤로 식은땀이 나고, 심장이 빨리 뛰었다. '그냥 숨을 쉬어, 케이틀린. 깊이 들이마시고, 깊이 내뱉고. 거의 다 왔어.' 공항에 도착하자 나는 플랫폼으로 뛰어나가 가방을 집어 던지고 클레어에게 전화했다. 나는 이 소동을 일을 줄이고 더 건강한 일상을 살아야 한다는 신호로 받아들였다.

처음엔 왜 클레어에게 전화를 걸었는지 몰랐다. 우리는 여태 전화 통화를 해본 적도 없었고 늘 이메일과 문자 메시지만 주고받았다. 하지만 그 순간 왠지 그녀가 내게 필요한 사람이라는 생각이 들었다. 전화를 걸었던 두 번 모두, 그녀는 똑같은 조언을 해주었다. 무릎 사이에 머리를 넣고 숨을 쉬라는 것이었다. '깊이 들이마시고, 내쉬고.' 그녀는 내가 숨을 고를 때까지 이 주문을 반복했다. 하지만 내가 숨을 고르자마자 울음을 터트렸기 때문에 클레어는 똑같은 말을 다시 반복해야만 했다.

이번에는 완전히 진정한 후에 눈을 뜨고 주위를 둘러보았다. 나는 차를 갓길에 세워두고 차 뒷자석에 누워 있었고, 왼쪽으로는 새로 짓고 있는 집들이 줄지어 있었다. 이번에는 왜 클레어에게 전화를 걸었는지 알 것 같았다. 그녀는 빚을 갚는 데 열심이었던 금주 친구라는 공통점이 있기도 했지만 최근에 부모님의 이혼을 겪었던 친구이기도 했다. 이런 게 결속감이라는 걸까? 나는 어둠 속에 누워 내 앞에 우뚝 서 있는 가로등을 바라보았다. 그 와중에 클레어는 내가 아직 답을 모르는 질문을 계속했고, 그제야 나는 지금이 긴 여정의 시작일 뿐이라는 걸 깨달았다. 그 종이의 발견은 그저 넓은 지도 위 첫 번째 방문지에 불과했다. 그리고 이 공황 발작은 내가 다가올 일들에 준비가 되어 있지 않다는 신호였다.

 이후 며칠 동안 부모님은 모든 게 문제없다는 듯 행동하려 노력했다. 아침이면 식탁에 같이 앉아 있었고, 저녁에도 같이 식사했다. 부모님 혹은 우리들, 어느 쪽이 더 노력했는지는 모르겠다. 다만 모두가 편하게 대화하지 못하고 이야기 꺼내기 껄끄러운 주제를 애써 피하려는 느낌이 들었다. 우린 앨리의 학교를 주제로 이야기하다가도 벤의 학교에 대한 이야기가 나오면 멈칫했다. '아, 벤은 지금 여기 없잖아. 그리고 걔는 이혼에 관해서도 몰라. 벤 이야기는 해선 안 돼. 벤 이야기를 한다면 이혼에 대해서도 이야기해야 하고 벤에게 언제 알려줄 건지도 논의해야 해. 어서 이 주제는 피해버리자.' 그리고 곧바로 누군가 주제를 바꿔버렸다.

 시간이 갈수록 이런 회피가 작은 성공처럼 느껴지기 시작했다. 친구들이 어떻게 지내냐고 물으면 난 이렇게 대답했다. "음, 용케도 이야기를 잘 피하고 있어. 뭔가 도전하는 것 같은 느낌이 들기도 해." 한 공간에서 함께 밥을 먹는 건 도전이었다. 뉴스에 난 일에 대해 이야기하는 것도 도전이었다. 우리 집에서 진짜 뉴스가 벌어지고 있는데도 아무도 입 밖에 꺼내지 않는 것, 그 자체가 엄청난 도전이었다. 당연하게도 이 도전들이 끔찍하게 느껴졌다. 우리 가족 사이에는 절대 비밀이 없었다. 모든 걸 털어놓았고 서로 못 하는 이야기가 없었다. 난 질문을 하고 싶었고 대답을 요구하고 싶었으며 이 모든 게 큰 해프닝으로 끝날 가능성도 있는 건지 알고 싶었다. 하지만 실제로는 그러지 못하고 아침마다 일어나 옷을 입고 또 열심히 그 주제를 피하며 살았다. 그 주제를 꺼내는 것보다 아무 일 없는 척 조금이라도 더 시간을 끄는 게 어쩐지 더 쉽게 느껴졌다.

    이제 빅토리아에서는 며칠 정도밖에 못 있을 것 같았다. 이곳의 모든 것으로부터 거리를 좀 두어야 했기 때문이다. 앨리 혼자 이 상황을 감당하게 둔 채 떠나려니 가슴이 아파서 최대한 빨리 다시 돌아오겠노라고 약속은 했지만 지금 당장은 나 혼자 있을 필요가 있었다. 포트무디로 돌아와서는 일에 빠져서 딴생각은 하지 않으려 노력했다. 아침마다 일찍 일어나 커피를 만들고, 곧바로 받은 편지함을 정리했다. 이메일대로라면 나는 새로운 프로젝트를 계획하고, 프리랜서 작가를 더 찾고, 블로그 일정도 몇 주 앞서 잡아야 했다. 하지만 정오가 될 때까지 난 의자에 가만히 앉아서 컴퓨터 화면만 쳐다보며 아무것도 하지 않았다. 그 종이를 처음 발견한 날 부모님 집을 가득 채웠던 안개가 우리 집까지 쫓아온 것 같았다. 그래서 눈앞에 그 무엇도 보이지 않았다. 좀 더 편하면 일을 더 잘할 수 있을 거라 생각하며 오후 두 시쯤 노트북을 가지고 소파로 갔다. 그러다 오후 네 시가 되면 노트북을 껐다. 그사이 뭐라도 했으면 다행이었다. 그런 다음 저녁을 먹고 침대에 기어들어 갔다.

내 침대는 나의 안식처여야 했다. 오래전 크리스와 헤어진 이후, 나는 내 침대를 안식처, 하루를 끝낸 후 피난처가 될 수 있는 성스러운 장소로 만들기 위해 필요한 걸 모두 마련했다. 그리고 지난가을에는 쇼핑 금지 계좌에 모은 돈을 이용하여 13년 묵은 매트리스도 드디어 교체했다.

엠마와 나는 깨끗한 침구가 깔린 새 침대를 마시멜로라고 불렀고, 침대에 들어가는 건 '마시멜로 상태'라고 칭했다. 매일 저녁을 먹은 직후 나는 엠마에게 문자 메시지로 이 두 단어를 보내기 시작했다. 보통 7시쯤 설거지를 끝낸 후 마시멜로 상태에 돌입했다. 때로는 협탁에 놓여 있는 책을 보면서 마시멜로 안에 꽁꽁 둘러싸인 채로 책을 읽을까 생각하기도 했지만, 그마저도 너무 힘들게 느껴졌다. 책을 집어서 눈앞에 들고 있는 것 자체가 너무나 고되게 느껴졌다. 그래서 그냥 책을 그대로 두고 아무것도 하지 않았다. 아무것도 하지 않으려고 침대에 웅크리고 누워 있기만 했다.

처음에 엠마는 내가 침대에서 보내는 시간이 많은 게 너무 부럽다고 했다. 그러면 나도 그걸 하루 중 가장 큰 성취, 자랑거리인 듯 알렸다. "일 다 끝냈어! 이제 마시멜로 시간이야." 그러나 엠마는 내가 있는 곳에서 120km에다가 페리를 타는 거리만큼 더 떨어져 있는데도 내가 예전보다 더 자주 침대를 찾는다는 걸 눈치챘다. 실제로 나는 매일 조금씩 더 일찍 침대에 기어들어 가기 시작했다. 나의 사무실과 거실은 너무 오픈되어 있었다. 난 오픈된 곳에 있고 싶지 않았다. 내 삶, 내 가족, 진실로부터 숨고 싶었다. 난 내 고민이 현실이 되는 걸 원치 않았기에 그냥 침대로 향했다. 그냥 웅크리고 누워서 모든 게 다 괜찮은 척할 수 있는 곳이 바로 침대였다. 얼마 안 가 7시는 6시가 되었고, 6시는 5시가 되었다. 엠마는 이런 나의 행동을 걱정했다. 급기야 나는 저녁 식사를 침대에서 해결했고, 설거지를 할 때만 방에서 나갔다. 얼마 안 가 그마저도 하지 않았다. 협탁 위 책더미 위에 설거짓거리가 쌓여갔다. 그러던 어느 날 침대에서 일하려고 커피잔을 가져왔는데 협탁 위에 그걸 놓을 자리가 없었다. 바로 그날이 미치기 시작한 첫날이었다.

충동적으로 침실과 부엌을 오가며 방에 있던 접시를 모두 가져와 싱크대에 던져 넣었다. 침대보를 벗겨서 세탁기를 돌렸다. 화장실에 물을 뿌리고 아파트 안의 모든 표면을 깨끗하게 닦았다. 내 삶은 이미 엉망이었다. 내가 살고 있는 곳까지 엉망으로 만들 필요는 없었다.

청소를 끝낸 후엔 침실로 가서 쌓여 있는 책을 바라보았다. 몇 달 전부터 그 자리에 놓여 있던 것들이었다. 가끔씩 읽을까 말까 고민하느라 쌓여 있는 순서가 뒤바뀌긴 했지만 실제로 읽은 적이 없었다. 책을 볼 때마다 작가와 글에 미안함을 느꼈고, 독서를 하지 않는 스스로에게 부끄러움도 느껴졌다. 난 책을 좋아했다. 말 그대로 손에서 책을 놓지 않고 자랐다. 여행을 갈 때도 최소 세 권씩 가지고 갔다. 하지만 이젠 더 이상 독서를 하지 않았다. 침대 옆 협탁은 이미 눈에 띄지도 않는 곳, 볼 때마다 죄책감을 느끼면서도 지저분한 게 익숙한 곳이 되어

버렸다. 나는 더 이상의 죄책감을 감당할 수 없었기에 거기 있던 책들을 원래 자리인 책장으로 돌려보냈다.

각각의 책에는 제자리가 있었다. 나의 책장은 여전히 소설, 회고록, 사업, 재무 등 장르에 따라 그리고 크기에 따라 분류되어 있었다. 책을 다시 꽂아 넣을 빈 공간이 마련되어 있었기에 제자리에 꽂기만 하면 책장은 그 자체로 완벽하게 보였다. 하지만 한 권, 한 권 보고 있자니 첫 정리 후 6개월이 넘게 지났음에도 아직 읽지 않은 책이 수십 권은 되는 듯했다.

사실 책 말고도 아파트에 보관은 하고 있지만 아직 사용하지 않은 물건이 수두룩했다. 블로그 포스트를 위해 방별로 물건을 분류하고, 독자들을 위해 침실, 부엌, 거실, 사무실, 욕실에 무슨 물건이 있는지 목록을 정리할 수도 있었다. 하지만 그렇게 하지 않아도 물건들을 단 두 종류로 나눌 수 있었다. 바로 내가 쓰는 물건, 그리고 내 이상적인 버전이 쓰기를 원하는 물건.

내 이상적인 버전이 쓰기를 원했던 물건은 모두 그것이 내 삶을 혹은 내 자신을 더 나아지게 할 거라는 기대감에 샀던 것들이었다. 똑똑한 케이트가 읽어야 한다고 생각했던 책, 프로페셔널한 케이트가 입어야 한다고 생각했던 옷, 창의적인 케이트가 손대야 한다고 생각했던 프로젝트. 고전 소설, 조그만 까만색 원피스, 각종 스크랩북 등.

한때는 이것들을 사느라 신용카드로 수백만 원을 썼고 다 사용하겠다는 의도로 구입했다. 이것들이 어떻게든 도움이 될 거라고 스스로를 설득했기 때문이다. 난 아직 부족하지만 이 물건이 나를 더 나아지게 할 거라고 생각했다. 내가 되기로 마음먹은 사람이 되기 위해 다 읽고, 입고, 하고 싶었다. 집에 이런 것들이 있다는 것 자체가 더 나은 내가 될 수 있다는 증거라고 여겼다. 언젠가는 다 쓸 거고, 언젠가는 더 나은 사람이 될 거라고 믿었다. 하지만 지금 보니 그 언젠가가 결코 찾아오지 않았다.

지금까지 물건을 정리할 때마다 스스로에게 묻는 질문은 딱 두 개였다. **'최근에 이걸 썼던가? 그리고 곧 쓸 계획이 있는가?'** 답이 '그렇다'라면 그대로 보관했다. 그 안에 내 삶의 목적이 들어 있는 경우에도 그대로 보관했다. 친구들은 어떻게 그리 많은 것들을 없앨 수 있었는지 묻곤 했고, 그런 질문을 받을 때마다 난 혼란스러웠다.

난 말 그대로 소유했던 물건 중 56%를 사용하지 않고 있었다. 사용하지 않는 걸 버리는 게 왜 어렵겠는가? 하지만 자신의 이상적인 버전을 위해 남겨두었던 물건은 좀 달랐다. 그래서 버리지 못하고 있었다. 그러나 이젠 그게 무엇인지 제대로 볼 수 있게 되었고, 한 번 진실을 목격한 이상 못 본 채 할 수가 없었다. 나는 이런 것들을 읽고, 입고, 하는 사람이 절대 될 수 없다는 사실을 받아들여야만 했다. 물론 그렇다고 해서 버리는 과정이 쉬웠다는 뜻은 아니다.

  나는 책부터 시작했다. 그리고 전에는 대답을 고민한 적 없던 질문을 던졌다. '누구를 위해 이걸 산 거야? 지금 그대로의 너 자신 아니면 네가 되고 싶은 사람?' 사실은 각각의 책을 살 때마다 해야 했던 질문이었다. 책뿐만 아니라 무엇이든 살 때마다 던져야 했던 질문이었다. 대부분은 나 자신을 위해 산 것이었다. 하지만 더 똑똑한 버전의 내가 읽기를 바라며 샀던 책도 최소 열두 권 이상이었다. 난 침실로 가서 옷에 대해서도 똑같은 질문을 했다. 그리고 방마다 돌아다니며 이제 놓아주어야 할 물건들로 작은 가방을 몇 개 채웠다. 난 더 나은 버전의 내가 쓰고 싶었던 물건을 놓아줘야 했고 나 자신을 있는 그대로 받아들여야 했다.

이 과정이 모두 끝나자 이제 나 자신보다 훨씬 더 큰 무언가를 놓아줄 차례가 되었다. 그건 바로 나의 가족이었다.

생각이 물결처럼 밀려왔다. 나는 따뜻한 이불로 나의 고통을 숨기고 놓아주어야 할 것들을 떠올리기 시작했다. 이를테면 벤이 학사 학위를 따는 2019년 가기로 계획했던 하와이 가족 여행 같은 것들을 말이다. 온 가족이 다 같이 여행을 간 건 딱 두 번뿐이었다. 한 번은 2004년 디즈니랜드로, 또 한 번은 2011년 멕시코로 간 게 다였다. 이제 이 두 여행이 우리의 유일한 여행으로 남게 되었다. 그리고 언제나 당연하게 여겼던 상황에 대해서도 미리 고민하게 되었다. 예를 들면 집 문제가 그랬다. 앨리와 벤, 그리고 내가 미래의 자녀들을 데리고 올 집, 모두 한 지붕 아래 모일 수 있는 집이 없어질까봐 걱정이었다. 우리의 자녀들이 지금과 다른 조합의 조부모를 갖게 되면 어떤 느낌이 들까? 생일, 휴가, 크리스마스도 각각 보내야 하는 걸까? 우리 중 누군가가 결혼하게 되면 결혼식은 어떤 모습일까? 부모님들끼리 서로 대화는 나눌까?

난 자녀의 나이가 어릴수록 부모님의 이별에 더 힘들어할 거라고 여겼다. 하지만 나이에 따라 영향을 받는 방식만 달라질 뿐 힘든 건 마찬가지였다. 너무 어려서 부모님이 함께하던 모습을 기억하지 못한다면, 그게 아는 것의 전부니까 차라리 괜찮을 것 같았다. 그러나 당신이 성인이고 (그리고 실질적으로 동생의 양육을 부모님과 분담했던 사람이고) 이미 애정 어린 가정에서 자란 사람이라면, 부모님의 이혼이 마치 자신의 이혼처럼 느껴질 수도 있다. 그리고 이 결혼 생활이 끝난 걸 알게 되었을 때 보내줘야 할 것도 많을 수밖에 없다.

아파트를 청소하고 물건들도 더 정리했음에도, 나는 다시 침대로 기어들어 갔다. 그리고 그곳에서 내가 알던 가족의 상실을 슬퍼했다. 우리만의 전통, 의식, 그리고 우리 다섯만이 알던 비밀의 언어가 사라진다는 사실에 비통해했다. 지금껏 경험했던 다른 고통과는 완전히 달랐다. 신체적인 고통이나 아픔은 없었다. 뼛속이 아린 것도 아니었다. 흔한 이별과는 느낌이 달랐다. 가족의 죽음과도 비교할 수 없었다. 그것은 내 모든 것의 죽음, 언제나 소유할 거라고 생각했던 미래의 죽음이었다.

난 항상 우리 부모님은 영원히 함께할 거라고 생각했다. 다른 생각은 아예 할 수가 없었다. 그러다 보니 이혼을 통해 겪게 될 모든 상실을 어떻게 다루어야 할지 전혀 준비되어 있지 않았다. 우리가 올라서 있던 바위에 구조적인 변화가 일어나 이제 불안정한 땅 위에 서 있게 되었다. 한때 진실이라고 생각했던 모든 것을 놓아주고 새로운 현실을 인정해야만 했다. 쉽지 않았다. 그리고 지금이 기나긴 여정의 시작일 뿐이라는 것도 알고 있었다. 그래서 나는 침대에 더 오래 머물렀고, 더 심하게 울었다. 그리고 필요할 때면 스스로에게 주문을 외웠다.

깊이 들이마시고, 깊이 내쉬고.
깊이 들이마시고, 깊이 내쉬고.

PART
09

3월:
기운 내기

금주: 26개월째
저축 비율: 34%
이 프로젝트를 완수할 수 있을 거라는 자신감: 70%

고통이 처음 시작되었던 2월로 돌아가, 그곳에 내 고통을 남겨두고 올 수 있다면 얼마나 좋을까? 우리 가족이 품고 있던 비밀을 발견하고, 공황 발작을 경험하고, 좀 울기는 했어도, 다 떨쳐버리고 극복했다고 말할 수 있으면 얼마나 좋을까? 내 인생 최악의 달을 잘 포장해서, 검은 리본을 두른 다음, 영영 어딘가로 보내버릴 수 있다면 참 좋을 텐데. 하지만 당연하게도 인생은 그렇게 단순하지 않다. 우리는 매년 각각의 달이 우리 삶의 한 챕터라 믿고 싶어 하지만 실제로 2월은 다음 달까지 계속 영향을 끼쳤고 이혼이 나의 3월을 집어삼켰다. 갑자기 감정을 주체하지 못하거나 말하다 말고 울어버리는 빈도는 줄어들었지만 이건 그냥 고통에 마비되었기 때문이었다. 나는 슬픔의 단계 중 협상 단계를 건너뛰어 버렸다. 협상할 것이 없었다. 부모님이 결정을 번복하지 않으리란 걸 알고 있었고, 내가 뭘 할 수 있는 것도 없었다. 그래서 나는 분노 다음으로 바로 우울 단계에 넘어갔다.

나는 우울이라는 단어를 가볍게 쓰지 않는다. 그 단어를 가볍게 쓸 생각이 절대 없다. 우울이 슬픔의 5단계 중 한 단계를 일컫는 이름이긴 하지만 그게 얼마나 심각한 건지 잘 알고 있다. 난 자라면서 가족의 친구 중 한 명이 병적인 우울증 때문에 몇 년이나 고생하는 걸 지켜봤었다. 가족 중에 조울증을 겪은 사람도 있었다. 상실 후 겪을 수 있는 슬픔을 저런 우울증에 비교할 생각은 추호도 없다. 같기는커녕 비슷하지도 않기 때문이다. 하지만 우울증이 얼마나 심각한 것인지 알았던 탓에, 나의 고통이 얼마나 심각하고 아팠는지 누군가에게 알리기까지 거의 두 달의 시간이 걸리고 말았다.

난 거의 침대 밖으로 나가질 않았다. 침대가 나의 안식처여서가 아니었다. 몇 주 동안 빨지도 않은 잠옷을 입고 이불 속에서 지내는 건 아름답거나 평화로운 것과는 거리가 멀었다. 그저 태아처럼 누운 자세로 하루의 절반을 보내기에 이보다 더 좋은 장소가 없었기 때문에 침대에 있었다. 친구들이 문자 메시지를 보내거나 전화를 걸어 안부를 묻고 싶어 했지만, 다 무시했다. '난 왜 이렇게 많은 사람에게 이 이야기를 떠벌렸던 걸까?' 나 스스로에게 묻곤 했다. '더 이상 이야기하고 싶지 않아. 그러니 어떻게 지내는지 그만 좀 물어.' 난 휴대폰에 불이 켜질 때마다 기도했다. '난 정말 끔찍한 인간이야. 그러니 그 이야기는 더 이상 하고 싶지 않아.'

유일하게 연락한 사람은 엠마와 클레어였다. 엠마는 내가 무슨 말을 해도 날 판단하지 않을 거라는 알기에, 클레어는 예전에 나와 같은 고통을 겪은 적이 있기에 예외였다. 내가 지금까지 만났던 대부분의 중독자들은 고통에 민감하기 때문에 고통으로부터 숨으려 했다. 하지만 엠마와 클레어 앞에서만큼은 나도 솔직한 모습을 보일 수 있었기에 고통으로부터 숨지 않았다. 나는 그저 내가 얼마나 아픈지 온 세상이 알아버리는 게 싫었던 것뿐이었다.

사람들의 안부를 무시할수록 그들은 격려의 메시지를 더 많이 보내왔다. 보통은 "다 괜찮아질 거야!" 같은 위로의 말이었다. 몇몇은 종교적이거나 영적인 메시지를 보내기도 했다. 연민과 용기에 관한 성경 구절, 놓아주기와 행복 찾기에 대한 불교의 지혜로운 말씀 같은 것들 말이다. 한 친구가 명상을 해보라고 추천하기에, 휴대폰에 'Calm'이라는 명상 가이드 앱을 깔기도 했다. 하지만 딱 한 번 시도해보고 혼자만의 생각에 깊이 빠지는 게 불편해서 3분 만에 꺼버렸다. 시도를 거듭해서 결국 명상 연습을 시작하기까지는 2년의 시간이 걸렸다. 그 시간 동안 앱에서 발견한 최고의 기능은 빗소리를 들을 수 있다는 것이었다. 태평양 연안 북서부에서 자란 나는 늘 빗소리에서 위안을 얻었다. 이곳에서 살아남으려면 그렇게 할 수밖에 없다. 나는 협탁 위에 휴대폰을 켜서 올려놓고 휴식을 취하다가 몇 주 만에 숙면을 취했다. 어쩌면 비가 내 종교인지도 모르겠다.

이 시간 동안 나의 마음을 가장 어지럽힌 생각은 이혼 그 자체에 대한 것이 아니었다. 부모님이나 가족, 미래에 대한 게 아니었다. 바로 술에 관한 생각이었다. 쇼핑은 한 적이 없었고 생각조차 나지 않았다. 하지만 술은 생각났다. 이 건물에 있는 주류 판매점에 내려가서 와인 한 병을 사 가지고 올까 고민한 적이 한두 번이 아니었다. '어차피 난 혼자 살잖아. 아무도 모를걸.'

그리고 또다시 그 목소리, 바로 나 자신의 목소리가 나쁜 짓을 하라며 말을 걸어왔다. 이 근처에 사는 친구가 한 명도 없고, 어차피 최근에는 모두의 연락을 무시하고 지냈었다는 걸 떠올릴수록 합리화가 더욱 심해졌다. '진짜 진지하게, 아무도 모를 텐데.' 만약 술을 끊은 지 몇 달 되지 않았더라면 이런 유혹에 빠질 확률이 훨씬 더 컸을 것이다. 하지만 이전에도 술 없이 고통을 극복해본 적이 있었기에 이번에도 그렇게 하기로 결심했다. '익명의 알코올 중독자 모임'에 나갈까 고민한 것도 이때가 처음이었다.

익명의 알코올 중독자 모임에 대해서는 무슨 말도 할 수 없다. 왜냐하면 경험이 전혀 없기 때문이다. 거기서 일어나는 일에 대해 내가 아는 거라고는 나보다 6개월 먼저 금주를 했던 친구와 아빠에게서 들은 이야기가 전부였다. 아빠는 금주 첫해에만 모임에 참석했고, 그 후로도 계속 참석하는 건 아무 의미가 없다고 생각했다. 아빠의 생각은 이랬다. 이미 중독에서 벗어나서 살고 있는데 왜 중독에 빠진 삶에 대해 끊임없이 이야기하고 있어야 하는가? 반면 내 친구는 3년 넘게 금주 중인데 아직도 매주 모임에 나가고 있다. 난 자신에게 맞는 방법이라면 어떤 쪽이 옳고 어느 쪽이 그르다고 단정 지을 수 없다고 생각한다.

다만 나의 경우에는 중독자 모임이 맞지 않는 것 같았다. 적어도 한 번 정도 참여해볼 수도 있었을 것이다. '금주하는 애'라는 딱지가 붙은 채 소외되는 느낌을 받은 경험이 얼마나 많았는지 떠올려보면, 금주 친구가 몇 명 더 필요했을 수도 있다. 아니, 실제로 더 많은 금주 친구가 필요했다고 확신한다. 하지만 그럼에도 익명의 알코올 중독자 모임은 뭔가 나랑 맞지 않는 느낌이었다. 어쩌면 종교적인 측면 때문일 수도 있다. 나는 어떤 교리도 따르지 않았기에 12단계 같은 지침이 편하지 않았다. 그들이 일목요연하게 작성한 12단계의 순서는 완벽하다고 생각했지만, 어쩐지 나에게는 외국어처럼 낯선 언어로 적혀 있는 느낌이 들었다. 예전에 평온을 비는 기도를 읽어보고는 오로지 '한 번에 하루를 살기, 한 번에 한순간을 누리기'라는 두 구절만 이해할 수 있었던 일이 떠올랐다. 또한 그들이 사용하는 언어 속의 성 편견도 불편했다. 기꺼이 단어를 바꿔주거나 전체 목록을 새롭게 작성해줄 현대적인 모임도 찾으려면 찾을 수 있겠지만, 그렇게까지 요구하고 싶지는 않았다. 1935년부터 사람들에게 도움을 주던 관례를 날 위해 바꿔달라고 한다고? 내가 누구라고?

나는 내 고충을 클레어에게 공유하고, 전에 그런 모임에 나간 경험이 있는지 물어보았다. 클레어도 한 차례 나간 적이 있긴 한데 내가 불편하다고 생각했던 걸 그녀 역시 그대로 느꼈다고 했다. 그럼에도 클레어는 내게 모임에 나가보라고 권장했고 나는 끈질기게 거부하면서 혼자 생각을 정리해보겠다고 약속했다. 나에겐 믿음이 거의 없었지만, 그나마 남아 있는 작은 믿음이 내 어깨 위에 앉아 한 번에 하루를 살라고, 한 번에 한순간을 누리라고 격려해주었다.

술을 처음 끊었을 때 했던 술 생각과 지금의 술 생각 사이에는 큰 차이점이 있었다. 이제 내게 술은 더 이상 습관이나 루틴이 아니었다. 나는 더 이상 술을 갈망하고, 결국 마시고, 마신 것을 수치스러워하는 악순환에 빠져 있지 않았다. 난 필름이 끊기는 걸 원하지도 않았고, 술 없이 이 상황을 견뎌야 한다는 생각에 눈앞이 캄캄해지지도 않았다. 진심으로 술을 마시고 싶은 것도 아니었고 금주를 끝내고 맞게 될 결과에 맞서고 싶었던 것도 아님을 알고 있었다. 나는 그저 고통 속에 있는 게 지긋지긋했을 뿐이었다. 감정적으로나 신체적으로나 고통이 너무 심했기 때문이다. 내가 침대에서 나갈 수 없었던 건 이 고통을 처리하느라 모든 에너지를 빼앗긴 나머지 더 이상의 에너지가 남아 있지 않았기 때문이었다. 한때는 술이 모든 고통의 지우개처럼 느껴졌다. 마찬가지로 돈을 쓰는 것 역시 더 멋지고 더 나은 삶으로 가는 길처럼 느껴졌다. 그러나 이제 나는 그런 습관에 빠져 있지 않았고 그 점에서는 예전보다 나아졌다고 할 수 있었다.

하지만 그렇다고 해서 내가 다른 갈망에도 굴복하지

않았다는 뜻은 아니다.

　많은 사람이 무언가 물건을 사서 스스로에게 선물을 한다면, 나는 언제나 나 자신을 위한 선물로 음식을 선택했다. 그래서 와인 한 병을 집어 드는 대신 피자를 골랐다. 어떤 때는 초콜릿을, 어떤 때는 아이스크림을 골랐다. 그러다 때로는 피자와 초콜릿과 아이스크림을 모두 골랐다. 아무 생각 없이 한 행동이 아니었다. 나는 내가 감정적 문제를 해결하기 위해 음식에 눈을 돌리고 있다는 걸 알고 있었다. 나는 내 감정을 억눌러줄 물건을 산다는 걸 인지한 채로 먹을 걸 주문하거나 가게에 들어가곤 했다. 매일 밤 그러진 않았다. 앉은 자리에서 전부 다 먹어 치우지도 않았다. 예전에 했던 폭식과는 달랐다. 치즈 과다 복용이나 설탕 혼수 상태를 원하는 게 아니었다. 그저 며칠마다 약간의 위로가 필요했다. 그리고 먹을 것에서 그 방법을 찾는 게 그나마 가장 건강한 선택지처럼 보였다.

그런 날이면 항상 넷플릭스를 보며 무언가를 먹었다. 협탁 위에 쌓여 있는 책은 너무 무거워서 고르기 힘들게 느껴졌지만, 넷플릭스를 트는 건 쉬웠다, 너무 쉬웠다. 난 고통에 지쳐 있었고, 내 마음속을 어지럽히는 생각에 귀를 기울이는 것도 신물이 났다. 그럴 때면 먹을 걸 사 들고 집에 돌아오자마자 이전 폭식 때 보던 프로그램을 다시 이어서 틀었다. 그리고 잠자리에 들 때까지 쉬지 않고 틀어두었다.

완전히 자각하고 있으면서도 자신에게 해가 되는 선택을 계속 이어가는 것에 대해 할 말이 있다. 한편으로는 내가 아직 나약하다거나, 아직 감정의 치유가 제대로 되지 않아서 다른 약물의 도움 없이는 이런 힘든 상황을 극복할 수 없는 것으로 볼 수도 있다. 하지만 어떻게 생각해보면 내가 뭔가를 하면서 뭘 하는지 자각하고 있는 것 자체가 이번이 처음이었다. 이전에는 피자를 먹거나 와인을 마시면서도 "난 지금 엄청난 고통을 느끼고 있어. 이것이 잠깐이나마 고통으로부터 날 구해줄 거야"라는 생각은 해본 적이 없었다. 그냥 먹었고, 그냥 필름이 끊겼다. 술을 끊고 매 순간 불편함을 느끼고 나서야, 내가 왜 그 오랜 세월 동안 이것들을 목구멍에 밀어넣었는지 알 수 있었다.

이번은 달랐다. 나는 아무 생각 없이 음식을 밀어넣지도 않았고, 씹지도 않고 통째로 삼켜버리지도 않았다. 그리고 이번엔 숨기지 않았다. 난 건강에 해로운 음식을 먹기로 결심했을 때마다 그걸 사진으로 찍어 엠마에게 보냈다. 난 엠마에게 죄책감을 느끼지 않겠다고 말했고, 그건 진심이었다. 난 죄책감을 느끼지 않았고 이후 스스로를 수치스러워하지도 않았다. 난 다시는 자기혐오의 악순환에 빠지고 싶지 않았다. 그 대신 마치 다른 이론을 시험하는 것 같았다. 종교적인 구절이나 지혜로운 말씀, 명상은 도움이 되지 않았다. 나는 술을 마실 생각도 없었고 사고 싶은 것도 없었기 때문이다. 그런데 식습관의 80% 정도가 괜찮다면 충분히 괜찮은 것 아닐까? 나 자신에게 이 정도 보상도 하면 안 되는 건가?

인정하건대 당시의 내 방법이 최선이 아니었다는 건 알고 있다. 하지만 다른 사람을 두고 엠마에게 이야기를 한 건 다 이유가 있었다. 그녀는 누가 뭐래도 사람들이 좋은 선택을 하도록 격려하는 부류의 친구였기 때문이다. 잠시 나의 일탈을 눈감아주었다가도, 내가 다시 정상으로 돌아갈 준비가 되었을 때 역시나 함께 있어줄 친구가 엠마였다. 그녀는 몇 달 동안이나 내가 슬퍼하도록 내버려두었고, 나의 하소연을 들어주었다. 다만 몇 주 동안 내가 피자, 초콜릿, 아이스크림 먹는 걸 지켜보다가 이렇게 말했다.

"더 잘 먹으면 기분도 더 나아질 거야."

나 또한 엠마의 말이 옳다는 걸 알고 있었다. 단지 그 음식이 나쁜 것이어서가 아니라 그걸 먹은 뒤 내 몸이 어떻게 반응하는지 나도 지켜보고 있었기 때문이었다.

백설탕과 밀가루를 과하게 먹을 때마다 나는 심하게 무너졌다. 춥고 으슬으슬 떨려서 담요를 덮고 웅크려 있곤 했다. 그러다 다시 깨어나서는 왜 한 시간 동안의 기억이 없는지, 왜 숙취 같은 기분을 느꼈는지 궁금해하곤 했다. 일반적인 낮잠이 아니었다. 밀린 잠을 자는 것도 아니었고 내 몸 상태를 살펴 휴식을 취하는 것도 아니었다. 사실 내 몸은 나에게 말을 걸고 있었다. 내가 몸속에 집어넣는 걸 더 이상 처리할 수 없다고 이야기하고 있었다. 가족 중에 2형 당뇨병 환자가 있었기에 그 경고의 징

후를 잘 알고 있었다. 조심하지 않는다면 나 역시 당뇨병에 걸릴 수도 있었다. 남은 일생 동안 이 병을 관리하면서 살고 싶지는 않았다.

이런 패턴을 인지한 후, 나는 특정 음식을 먹은 후의 느낌을 기록하기 시작했고 먹고 나서 몸이 안 좋아지는 음식의 섭취를 천천히 줄여나갔다. 다이어트는 아니었다. 2012년 14kg가량을 감량할 때는 1년 내내 내가 먹는 것을 기록하고 칼로리를 계산했다. 이때는 이 기록이 다이어트에 중요한 역할을 하기도 했다. 그때 한 것은 다이어트였지만 다시는 그런 다이어트를 할 생각이 없었다. 난 살을 빼고 싶지 않았고 내 몸에 어떤 변화도 주고 싶지 않았다. 나는 단순히 기분이 더 나아지길 원했다. 내가 할 수 있는 것 중 가장 건강한 방법은 무엇을 먹었을 때 기분 변화가 일어나는지 자각하고, 컨디션이 나빠지는 건 덜 먹고 에너지가 생기는 건 더 먹는 방법이었다.

내가 먹은 것을 모두 기록하고 내 컨디션을 나쁘게 만드는 음식을 없애나가는 과정은 빚을 갚기로 결심했을 때의 과정과 똑같았다. 나는 매일 내 지출을 기록했고, 마침내 내 돈이 어디로 흘러가는지 파악하게 되었으며,

그제야 이 숫자를 보았을 때 어떤 생각이 드는지 나 자신에게 질문할 수 있게 되었다. 이 돈을 쓰는 데에 불편함이 없는가? 내가 돈을 쓴 물건이 내 삶의 가치를 높여주는가? 만약 대답이 '네'라면 계속 예산에 반영했다. 하지만 부채 상환에 더 많은 노력을 기울이고 싶어지면, 지출을 줄여서 빚을 갚는 쪽에 이용했다. 쇼핑 금지령을 내리고, 이후 규칙을 조정할 때 겪었던 과정도 유사했다. 나는 여행처럼 내 삶의 가치를 더하는 사항에 대해서는 지출을 유지하되 다른 분야의 지출은 줄여서 더 적은 돈으로 살면서 더 저축하는 법을 배우기로 결심했다. 그런 다음 가지고 있는 물건들의 재고를 조사하고 최소한의 필수품만 사기로 약속하였고, 그 결과 많은 돈을 절약하고 잠재적인 낭비를 줄일 수 있었다.

이 모든 발견은 두 가지 질문으로 요약될 수 있었다. "이것 때문에 기분이 좋지 않은데 왜 하려고 하는가?" 그리고 "기분이 좋아지기 위해서, 적어도 기분이 지금보다는 나아지기 위해서 내가 지금 당장 정말로 원하는 건 무엇인가?"

음식으로 위안을 얻는 단계를 되돌리는 데에는 이삼 주밖에 걸리지 않았던 반면, 새롭게 재발견된 TV 중독을 없애는 데에는 조금 더 긴 시간, 정확히 31일이 걸렸다. 고요한 저녁 공간을 채우는 배경 음악으로 시작된 TV 틀기가 어느덧 멈출 수 없는 중독이 되었다. 나는 늘 혼자 사는 걸 좋아했지만 혼자 있는 걸 좋아하진 않았다. 둘은 완전히 다른 것이었다. 혼자 사는 것은 내 행동이 다른 사람에게 어떤 영향을 끼칠지 고민할 필요 없이 내 공간에서 내가 하고 싶은 걸 뭐든 할 수 있는 자유를 뜻했다. 한편 혼자 있는 것은 일상생활을 나눌 사람이 없다는 뜻이었다. 다른 사람과의 대화와 교감에서 많은 에너지를 얻는 사람으로서, 이 기간에 룸메이트나 파트너가 있었더라면 내 삶에도 극적인 변화가 일어났을지 모르겠다. 하지만 내게는 그런 사람이 없었기 때문에 나는 넷플릭스를 틀었고, 좋아하는 프로그램에서 나오는 목소리를 친구로 삼았다.

　TV 틀기는 저녁마다 시작되었다. 2년 전 원격 근무를 시작하면서, 나는 낮 동안 TV를 포함한 방해물에 정신이 팔린 채 하루를 허비하지 않겠노라 다짐했었다. 나는 이 약속을 잘 지켰고 가끔씩 밤에만 TV를 보곤 했다. 그러다 내 삶에 안개가 나타나고 그게 내 집까지 따라오게 되면서, 업무용 노트북을 끄자마자 TV를 틀기 시작했다. 잠깐의 정적도 너무 고통스럽게 느껴졌기에 잠자리에 들 때까지 계속해서 소음을 유지했다. 그러다 결국 자는 동안의 정적도 견딜 수 없게 되자 나는 침실에서도 밤새도록 노트북을 켜서 넷플릭스를 틀어놓았다. 때로는 새벽 두세 시에 깨서 정신없는 상태로 끄기도 했다. 하지만 아침에 일어났을 때 노트북을 열자마자 맨 처음 보이는 탭이 넷플릭스였기에 또 플레이 버튼을 눌렀다. 그렇게 커피를 만들고 하루를 준비하는 동안 다시 그 소리와 함께했다.

  이 행동에는 의도가 없었다. 직면하고 싶지 않은 불편함을 피할 방법으로 아무 생각 없이 한 행동이었다. 내가 틀어놓은 프로그램에 딱히 관심을 두지도 않았다. 정확히는 아예 보지도 않았다. 그저 캐릭터의 목소리가 늘 나와 함께하고 있었을 뿐이었다. 그런 식으로 나는 7시즌짜리 프로그램 하나와 9시즌짜리 프로그램 하나를 모두 끝냈다. 텔레비전을 틀어놓은 시간이 총 250시간 이상, 날로 계산하면 10.4일, 무려 1년의 2.9%에 해당하는 시간이었다.

　이렇게 시도 때도 없이 TV를 틀어놓기 시작하면서 변화가 필요하다는 걸 깨달았다. 낮 동안은 집중하는 데 문제가 생겼고, 저녁엔 블로그 작업과 프리랜서 일에 대한 의욕이 없어졌으며, 밤중엔 수면에 문제가 생겼다. 정적 때문에 고통이 찾아올지는 몰라도 지금의 소음은 반드시 없어져야만 했다.

　나는 이런 중독 상황에서 종종 쓰던 해결책을 이번에도 써보기로 했다. 바로 일정 기간 TV 없이 살기에 도전하는 것이었다. 이 경우에는 한 달 31일을 도전 기간으로 잡았다. 당연하게도 쇼핑 금지와 테이크아웃 커피 금지 때 경험했던 신체적 반응이 텔레비전 금지에도 그대로 나타났다. 1일 차, 저녁을 먹으려고 앉아 있을 때나 밤에 자러 들어갈 때 텔레비전이 보고 싶다는 흔한 고통을 느꼈다. 2일 차와 3일 차에도 마찬가지였다. 이미 TV는 내 일상 속에 자리 잡은 습관이 되어버렸기 때문에 다른 무언가 대체할 것이 필요했다. 나는 규칙을 바꿔 TV를 틀고 싶을 때마다 테드 강연을 틀기로 했다. 팟캐스트와 오디오북도 더 많이 듣기 시작했다. 너무나 오랫동안 '시간이 없어서'라는 핑계로 미뤄두던 일들이었다. 실제론 시간이 있었는데 그저 다른 일을 하는 데에 시간을 썼던 것뿐이었다. 우리는 실제로 자신이 좋아하는 일은 너무나 빨리 포기한 채 노력이 덜 드는 쉬운 일을 선택해버린다. 나는 우리가 왜 이렇게 행동하는지 아직도 잘 이해되지 않는다. 나 역시 지금 당장 기분이 나아지기 위해 내가 원하는 게 무엇인지 자문하기 시작하면서 비로소 변명을 멈추고 독서에 더 많은 시간을 할애할 수 있었다.

한 달 내내 나는 다섯 권의 책을 읽었고 다양한 팟캐스트를 셀 수 없이 많이 들었다. 블로그 게시물도 여섯 개 올렸으며, 블로그용 아이디어의 실현을 도와줄 친구와 회의도 무척 많이 했다. 쇼핑 금지의 새로운 규칙을 지켜 나가기 위해 제로웨이스트 운동에 대한 조사를 시작했으며, 어떻게 하면 우리 집 쓰레기도 점차 줄여나갈 수 있을지 대책을 고민했다. 나는 혼자 산책을 하거나 친구와 하이킹을 하며 야외에서 시간을 보냈다. 내가 존경하는 여성들과 두 차례 멘토링 세션을 진행했으며 친구들과는 전화나 화상 채팅으로 그간 못 했던 이야기를 나누었다. 그리고 뉴욕을 함께 여행했던 데이비드라는 친구로부터 조언을 듣고 90분간 감각 차단 탱크 안에 '둥둥 뜬' 상태로 평화롭고 조용한 시간을 보내는 능력을 시험했다. 기분이 좋았다. 드디어 침대 밖으로 나와 내 삶을 사니, 기분이 참 좋았다.

TV 금지가 완벽히 성공했던 건 아니었다. 그달에만 대략 열두 시간 정도 TV를 보았고, 결국 다큐멘터리 두 편 정도는 볼 수 있는 걸로 규칙을 다시 바꿨다. 일에 집중하는 문제나 수면 문제도 모두 치유된 건 아니었다. 하지만 불편한 정적을 피할 목적으로 아무 생각 없이 TV를 보는 짓은 더 이상 하지 않게 되었다. 이제 나는 의도적으로 TV를 시청했다. 내가 뭘 보고 싶은지 정확히 알고 있었고, 시간을 따로 빼서 TV를 시청했다. 한 달이 끝나기도 전에, 나는 이 방식을 앞으로도 계속 유지하고 싶다고 생각했다. 그 대신 경계를 제대로 설정해야 한다는 걸 알고 있었기에, 일을 끝낸 후 그리고 잠자리에 들기 전에만 TV 시청을 하기로 했다. 지나고 보니 나는 정적 속에서도 살 수 있었다. 내가 견디지 못하는 건 정적이 아니라 중요하지도 않은 일에 내 인생의 몇 시간, 며칠, 몇 주를 허비하는 것이었다.

내가 자신의 몸과 마음에 무엇을 주입하고 있는지 더 의식하게 될수록 내가 소비에 대해서도 훨씬 더 신경 쓰게 되었음을 알아채기 시작했다. 특히 구매해도 되는 것들을 살 때 더욱 그랬다. 처음 승인된 쇼핑 목록을 만들 땐 이것 때문에 너무 쉽게 도전에 성공하는 건 아닐까 걱정했었다. 한 해 동안 아무것도 사서는 안 된다고 목표를 정해놓고는 사도 되는 물건의 목록을 만들어놓는 것 자체가 일종의 꼼수였기 때문이다. 게다가 몇 가지를 구매할 수 있게 되면 목록에 없던 것까지 사고 싶어지지 않을까 걱정이 되기도 했다. 정확히 그 반대 상황이 벌어지리라고는 상상도 못 했다. 오히려 그 목록 때문에 전반적으로 더 현명한 소비를 할 수 있게 될 줄은 몰랐다.

스웨트셔츠를 예로 들어보자. 내게 허락된 것은 딱 한

벌의 스웨트셔츠였기 때문에 최고의 스웨트셔츠를 사야만 했다. 최고의 브랜드, 최고로 비싼 것, 최고로 질이 좋은 걸 말하는 게 아니다. 누가 뭐래도 나에게 최고의 옷이어야 했다. 몸에 잘 맞아야 했고, 느낌이 좋아야 했으며, 거의 매일 입는 걸 상상해도 이상하지 않아야 했다. 왜냐하면 나의 작은 옷장 속 모든 옷이 실제로 다 그랬다. 거의 매일 입는 것들이었다. 내 스타일로 보이는 스웨트셔츠를 입으면 사이즈가 엉망이었다. 사이즈가 맞을 것 같은 걸 고르면 엉덩이 쪽이 너무 끼거나 가슴 쪽이 너무 헐렁했다. (살집은 있는데 기본적으로 가슴이 없는 사람에게 흔한 문제다.) 난 초록색, 파란색, 검은색, 회색 스웨트셔츠를 다 입어보았다. 평소에 즐겨 입던 기본 색상이었지만 마음에 쏙 드는 게 없었다. 결국 밤색 집업이 모든 요건을 충족했다. 처음으로 그 옷을 자주 꺼내 입는 내 모습이 상상되었고, 거기에 돈을 쓰는 내 모습도 그려졌다. 이 정도로 마음에 드는 걸 찾기까지 9개월이 걸렸다. 이 결정엔 아무런 충동도 개입되지 않았다.

  나는 결혼식에 참석할 때 입을 옷, 헬스장에 갈 때 입을 옷, 추워졌을 때 신을 부츠를 고를 때도 같은 과정을 거쳤다. 각각 단 한 번씩만 구매할 수 있다는 걸 알고 있으니 결정이 훨씬 더 힘들었다. 그리고 훨씬 더 의미가 생겼다. 불과 몇 달 전 까만 쓰레기봉투 네 개가 꽉 차도록 옷을 버렸던 때가 생각났다. 대부분 입을 때마다 불편한 옷들이었다. 이제는 내 몸을 제대로 가려주지 못하는 옷 혹은 내 몸에 맞지 않는 옷, 나와 어울리지 않는 옷에 돈을 낭비하고 싶지 않았다. 이젠 기분 좋게 옷을 입고 싶었다. 소비에 대한 결정도 기분 좋게 하고 싶었다.

승인된 쇼핑 목록은 대체로 보험 정책과 거의 비슷했다. 소수의 구매만 보장되었고 정말로 필요한 것만 교체할 수 있도록 권한을 주었다. 그리고 봄이 되자 결국 교체할 수밖에 없는 것이 두 가지 생겼다. 휴대폰이 자꾸만 저절로 꺼지더니 결국 다시 켜지지 않고 죽어버렸다. 휴대폰 없이는 살 수가 없었기에 사러 가야만 했다. 그 대신 최신 모델이나 가장 비싼 모델을 사진 않았다. 나의 결정은 새로운 제품 출시나 광고 또는 할인 프로모션의 결과가 아니었다. 나는 내가 원하는 것, 내가 감당할 수 있는 것을 샀다. 그리고 얼마 후 하나뿐인 청바지의 허벅지 안쪽이 찢어졌다. 나는 새로운 바느질 기술로 수선을 시도했지만, 겨우 7일 만에 영구적인 수선 방법이 없다는 걸 깨달았다. 특히나 자꾸 늘어날 수밖에 없는 허벅지 부위라 더욱 그랬다. 혹여나 방법이 있다 해도 보기에 좋지 않을 것 같았다. 때운 부위를 두 차례 더 찢어먹은 뒤, 나는 나가서 새 청바지를 한 벌 샀다.

예전에는 한 번도 이런 식의 쇼핑을 한 적이 없는 듯했다. 진정으로 무언가의 필요를 느낀 적이 없었다. 늘 앞으로 생길지 모를 미래의 필요를 미리 충족시키기 위해 물건을 구매했기 때문이다. 당장 집에서 쓰는 샤워젤이 있음에도 쿠폰을 써서 샤워젤 두 병을 샀다. 언젠가는 필요할 때가 올 거라는 생각에서였다. 이 정도로 잘 맞는 셔츠를 다시는 찾지 못하게 될까봐 마음에 든 셔츠를 네 가지 색깔로 한꺼번에 구매한 적도 있었다. 다시는 할인을 하지 않을 수도 있으니 쌀 때 사야 한다고 스스로를 설득했다. 광고와 마케팅 캠페인은 지금이 아니면 안 된다고 믿게 만들었다. 정말로 무언가가 필요할 때까지 기다려야 한다는 생각은 전혀 들지 않았다. 하지만 지금 내가 깨닫고 있는 진실은 그것 없이 살아보지 않고서는 그것을 정말로 필요로 하는지 알 수 없다는 것이다.

PART 10

4월:
탈출 계획하기

금주: 27개월째
저축 비율: 38%
정리한 물건 비율: 65%

　이런저런 일들이 진행되는 가운데 나는 더 많은 변화를 준비해야 한다는 직감이 들었다. 2011년 카드 한도를 넘기기 직전에도 그랬고, 마지막 한 모금을 마시기 몇 달 전 이제 진짜 술을 끊어야겠다고 생각했을 때도 그런 직감이 찾아왔다. 이번엔 현금을 비축하고 긴급 자금을 모아야 한다는 생각이 들었다. 미래가 불확실한 만큼 그 돈이 필요할 때가 올 거라는 느낌이 왔다.

처음엔 어떻게 받아들여야 할지 몰랐다. 2013년 빚을 다 갚은 후로 내 수중엔 늘 어느 정도 현금이 있었다. 당좌예금엔 늘 500~1,000달러^{65만 원~1,300만 원}의 비상금이 있었고, 그 외에도 2,000~3,000달러^{260만 원~390만 원}의 예금이 있었다. 그 외에는 모조리 퇴직 연금 계좌로 곧장 들어가고 있었다. 나는 이런 전략이 마음에 들었고 내 자금 상황에 만족했다. 하지만 내 직감에 반박할 생각도 없었다. 나 역시도 지금은 미래가 불확실하다고 생각하고 있었기 때문이다. 여분의 돈이 왜 필요한지도 모르면서 나는 내 직감이 시키는 대로 했다.

나는 적어도 열두 명의 친구들과 이 주제로 대화를 나누었다. 친구들도 똑같은 기분을 느낀 적이 있는지, 그게 그들에겐 어떤 의미였는지 물어보았다. 똑같은 경험을 했던 몇몇 친구들의 말을 들어보면 각자 위기의 시기를 맞았을 때 현금을 비축해야겠다는 생각이 들었다고 했다. 이혼, 가족의 죽음, 일시 해고 같은 상황이 찾아오면 지금까지 걸어오던 길이 싹 무너져버리고 새로운 길을 헤쳐나가야 한다는 압박을 받게 된다고 했다. 물론 우리 부모님의 이혼으로 지금까지 우리 가족이 걸어오던 길이 무너져버린 건 사실이었지만, 그게 나의 재정 상황에 영향을 끼치진 않을 것 같았다. 다른 모든 게 불확실하긴 해도 이 정도는 의심의 여지가 없었다.

그 외에 내가 가늠해볼 수 있는 유일한 위기는 일과 관련된 것이었다. 크리스마스 파티 이후로 나는 그 어느 때보다 회사와 동떨어진 기분을 느끼고 있었다. 나는 내 역할을 알고 내 일을 했다. 하지만 회사의 갑작스러운 성장으로 직원들의 직무 내용이 확고해지면서, 나는 내가 좋아하지 않는 일, 더 이상 나의 도덕과 가치에 맞지 않는 일을 할 수밖에 없게 되었다. 회의에서 의견을 내도 내 아이디어가 마케팅과 검색 엔진 최적화SEO에 맞지 않으면 그 즉시 묵살당했다. 내 의견은 더 이상 중요하지 않았다. 그러나 중요하게 받아들여져야 했다. 직원 모두의 의견이 중요하게 받아들여질 필요가 있었다. 핵심 6인방이 주택에서 함께 일할 때 가장 마음에 들었던 점도 이런 것이었다. 우린 모두 서로의 일을 나눠 맡았고 우리의 일은 모두 중요했다.

업무 관련 번아웃을 겪고 있는 것도 문제였다. 2년 동안 원격 근무를 하는 게 겉보기에는 꿈처럼 보일 수 있지만, 대놓고 말하지는 않아도 나름의 고충이 있기 때문이다. 첫째, 건강한 루틴을 만들기까지 꼬박 2년이 걸렸다. 2013년 세인트루이스에서 공황 발작을 겪은 후 일을 줄이고 나 자신을 더 돌봐야 한다는 걸 알고 있으면서도 일이 끊이질 않았다. 나는 정시에 업무를 시작하고 커피 브레이크와 점심시간이 있는 좋은 직장에 다니고 있었지만, 여전히 일을 너무 많이 하고 있었다.

많은 사람이 미처 생각하지 못하지만, 또 흔하게 겪을 수 있는 문제는 원격으로 일할 기회를 얻을 때 특정 종류의 죄책감이 동반된다는 점이다. 아무도 당신을 직접적으로 볼 수 없으므로 당신은 실제로 일하고 있다는 걸 증명하기 위해 늘 온라인 상태에 있어야 한다는 느낌을 받는다. 여기에 관리직에 대한 책임까지 더해지면 상황은 더 악화될 수밖에 없어서, 나는 하루에 10~12시간을 온라인 상태로 있곤 했다.

솔직히 말하면 이것은 친구들과 내가 스타트업에서 일할 때 직면했던 가장 큰 문제 중 하나였다. 원격 근무를 하든 사무실에서 근무를 하든, 스타트업 회사를 성공시키기 위해서라면 누구나 CEO만큼 회사에 헌신해야 한다는 생각이 공공연하다. 즉 오랜 시간 일하고 자신의 일상은 일부 포기하라는 뜻이다. 어떤 회사는 이런 헌신에 대해 후한 보상을 해주겠지만 그렇지 않은 회사가 더 많다. 스타트업에서 일하면서 따라오는 모든 '혜택', 이를테면 음식, 술, 게임 룸, 요가 스튜디오, 헬스장 이용권, 교통비 등을 마련해주는 대신 임금은 더 적게 주는, 때로는 생활이 불가능할 정도의 짠 임금을 주는 회사도 몇몇 알고 있다. 그럼에도 사람들은 이를 받아들이고 자신의 시간과 에너지를 회사에 쏟는다. 자신이 특정한 회사에서 일했다거나 특정 유형의 경험을 쌓았다고 말할 수 있는 것만으로도 가치가 있다고 생각하기 때문이다.

내가 일한 스타트업은 내게 충분한 보상을 해주었다. 그렇다고 해서 내가 번아웃에 시달리고 있다는 사실은 변하지 않았다. 결코 인정하고 싶지 않았지만 나는 완전히 고갈되었다. 나는 내가 하는 일에 의욕을 상실했고, 팀 멤버들과의 의사소통에 실망했으며, 내가 이런 걱정을 표현해도 아무도 관심을 보이지 않는 것에 당황했다. 그리고 매주 50~60시간을 이런 일에 바치고 있는 게 신물이 났다.

4월의 어느 화창한 오후, 큰 소리로 욕을 하고 울면서 컴퓨터 화면에 대고 가운뎃손가락을 들이밀고 있는 나를 발견하고 나서야 나는 내가 얼마나 불행한지 깨달았다. 큰 소리로 욕을 하면서 컴퓨터 화면에 대고 가운뎃손가락을 드는 건 몇 주 동안 늘 하던 짓이었다. 하지만 우는 건 새로운 증상이었다. 나는 부모님의 이혼 때문에 이미 자주 우는 사람으로 변해 있었기에 일부 그 탓을 할 수도 있었다. 그러나 내가 한계점을 찍었다는 걸 나도 느끼고 있었고 이대로 회사에 남는 건 득보다 실이 더 많았다. 결국 나의 행복이 직장 상사에 대한 충성심과 안정적인 급여에 대한 갈망보다 더 중요했다. 나는 일을 그만두어야 했다.

그때까지만 해도 이 일을 그만둔 다음에 뭘 해야 할지 크게 생각해본 적이 없었다. 3년 전 처음 일을 시작하며 고민하던 때로 다시 돌아가게 될 줄은 상상도 못 했다. 난 원래 글 쓰는 걸 좋아했지만 고등학교를 졸업하며 뭔가 더 실용적인 일, 적절한 수입을 벌어들일 수 있는 안정적인 일을 해야겠다고 생각했다. '회계원이 돼야겠어.' 고등학생 때 회계 강의에서 A를 받았었기에 그게 내 직업으로 괜찮을 것 같았다. 하지만 지방 대학에서 한 학기 동안 경영학 수업을 들어본 후 회계는 내 일이 아님을 깨달았다. 내가 유일하게 재미있게 들은 수업은 마케팅이었고, 결국 경영학을 그만두고 커뮤니케이션 학위를 따게 되었다.

커뮤니케이션을 공부하는 동안 나는 주정부 사무실에서 인턴직 근무를 했다. 석 달 동안 주니어 홍보 담당자로 일하며 나는 미디어 알림 글, 보도 자료, 내각 장관을 위한 연설 등을 작성했다. 나는 이런 내 직책이 어느 정도 마음에 들었다. 며칠 동안 자료를 조사하고 글을 쓰며 시간을 보낼 수 있었기 때문이다. 누군가 글을 쓰는 나에게 돈을 주다니! 게다가 누군가 권력을 가진 사람이 내가 그들을 위해 쓴 글을 읽어준다는 것만으로도 의미가 있었다. 하지만 글을 쓰고 돈을 받는다는 것만으로는 부족했다. (오전 6시에 시작되는) 긴 근무 시간, (오후 6시에 퇴근하는) 늦은 퇴근 시간, (지루한) 주제 등 이 직업에 대해 내가 싫어하는 점들을 잊게 만들기에는 장점이 충분하지 않았다. 하지만 대학을 졸업하면서도, 이 일이 내가 끝까지 몸담을 수 있는 일, 내가 올라야 할 경력 사다리라고 생각했다. 나는 20대에 주니어 홍보담당자, 30대에 홍보담당자, 40대에 홍보책임자, 은퇴하기 전에 홍보국장이 될 생각이었다. 정부 청사가 있는 빅토리아에서 자란 사람이라면, 이 일에 빨리 뛰어들어야 직업적으로 대박을 터트릴 수 있었다. 나는 우리 부모님처럼 35년을 근무한 후 연금을 받고 퇴직할 생각이었다. 그게 내 계획이었다.

당연하게도 인생은 늘 계획대로 흘러가지 않는다. 게다가 때로는 계획을 벗어나는 게 더 좋다는 사실도 배우게 된다. 만약 계획대로 흘러갔더라면 일을 시작하고 첫 5년 동안 교육 출판 분야에서 일하지 않았을 것이다. 재능 있는 선생님들과 같이 일하지도 못했을 거고, 교수 설계의 이모저모를 배우지도 못했을 것이다. 그리고 정부에서 2년간 고용 동결 기간을 경험하지 않았더라면 나의 경력 사다리에 가로대가 빠져 있다는 것도 발견하지 못했을 것이다. 그 빈 사다리를 발견한 덕분에 나는 고민에 빠졌고 결국 공공 부문을 떠나기로 마음먹을 수 있었다. 모든 게 계획대로 되었더라면 블로그를 시작하지도 않았을 것이다. 블로그 독자였던 사람이 자신의 웹사이트 편집장으로 정규직 일자리를 제안하는 일도 없었을 것이다. 그녀에게서 배움의 기회를 얻을 수도 없었을 것이며, 블로그를 하면서 만날 수 있는 모든 기회를 놓치지 말라는 조언도 들을 수 없었을 것이다.

나의 상사는 큰 위험을 감수하고 직접 대면한 적도 없는 '예산 짜는 금발'bonde on a budget을 고용했다. 나는 그녀가 보여준 모든 행동에 감사했지만 나를 믿어주는 모습에 부채 의식을 느끼기도 했다. 내가 그 일을 그렇게 오래 한 것도 이런 이유 때문이었다. 나의 상사가 나를 믿어주는 만큼 나도 그녀의 소유인 것처럼 느껴졌던 것이다. 그녀가 내게 큰돈을 쓰는 만큼 나도 내 목적을 다해야만 했다.

나는 앞으로 뭘 해야 할지 계획을 세워본 적이 없었다. 이 회사를 떠날 생각 자체를 해본 적이 없었기 때문이다. 난 행복했다. 행복하지 않은 걸 깨닫기까지는. 난 계속 이 회사에 남아 회사의 성장을 도와줄 거라 생각했다. 그럴 수 없다는 걸 알게 되기까지는. 뭔가 더 하고 싶다면 다른 곳에 가서 해야겠지만, 그 다른 곳이 어디인지도 몰랐고 내가 뭘 하고 싶은지도 몰랐다. 덴버에 사는 친구 케일라에게서 지금 하는 일이 너무 마음에 들지 않아 7월 1일까지는 일을 그만둘 거라고 말을 듣고 나서야 내가 원하는 것도 바로 그거라는 걸 깨달았다. 나는 마지막 기한이 필요했다. 이 터널 끝에서 빛을 볼 수 있기를 원했고, 그 반대편으로도 나갈 수 있다는 걸 확인받고 싶었다.

7월 1일은 너무 가깝게 느껴졌다. 결과를 제대로 확인하고 싶은 프로젝트들도 남아 있었고 5월엔 토론토 여행도 이미 예정되어 있었다. 나의 직감도 7월 1일은 너무 이르다고 했다. 돈을 더 모으고 계획을 짜기 위해서는 시간이 더 필요했기 때문이다. 다만 앞으로 뭘 해야 하는지는 몰랐지만 연말까지 이 일을 계속할 수 없다는 건 알고 있었다. 아무리 많은 돈을 준다 해도 내가 매주 흘리는 눈물의 가치에 비할 수는 없었다. 새로운 일을 구하지 않고 그만둬야 한다면 그냥 그러기로 마음을 먹었다.

계산기를 두들겨본 결과, 9월 1일을 퇴사일로 정했다. 5개월이면 새로운 일을 찾고 저축을 더 늘리기에 충분한 시간이었다. 그러면 필요할 때를 대비해 적어도 6개월 동안의 생활비를 은행에 넣어둘 수 있었다. 8월 안에 하던 일을 다 끝내고 9월 1일까지만 회사에 다니는 게 내 목표였다.

 하지만 나 자신을 위해 스트레치 골을 설정하기로 결심했다. '스트레치 골'Stretch Goal이란 도전적인 목표를 뜻하는 말로 다른 개인 재무 블로그를 보다가 처음 알게 된 것이다. 사람들은 자신이 생각했던 것보다 훨씬 더 빨리 무언가를 성취하기 위해, 말하자면 자신의 한계를 확장하기 위해 스트레치 골을 세우고 도전한다. 나의 경우엔 빚을 더 빨리 갚기 위해 스트레치 골을 설정했었다. 원래는 3년 안에 빚을 갚는 걸 목표로 했다가 그걸 2년 반으로 줄이고, 결국 2년 만에 성공시켰다. 체중 감량을 할 때, 첫 하프 마라톤 도전을 위해 훈련을 할 때도 스트레치 골을 세웠다. 그리고 이제 또 새로운 스트레치 골을 만들 생각이었다. 이 상황에서 탈출할 수 있게 해주는 일이라면 뭐든 할 수 있도록 동기 부여가 되어주길 바라는 마음이었다. 7월 1일은 너무 빠르게 느껴졌지만, 일단 종이에 날짜를 적은 뒤 매일 볼 수 있게 컴퓨터에 붙여놓았다. 9월 1일도 괜찮은 날짜겠지만, 7월 1이면 훨씬 더 좋을 것이다.

이런 결정을 내리는 동안 새롭게 드러난 사실 하나는 내게 예전만큼 많은 돈이 필요하지 않다는 것이었다. 쇼핑 금지령 전에는 매달 최대 저축 비율이 수입의 10%밖에 되지 않았다. 즉 90%는 다 써버렸다는 뜻이다. 쇼핑 금지의 목표 중 하나는 적은 돈으로 사는 법을 배워서 더 많이 저축하는 것이었고, 그렇게 잘해오던 중이었다. 거의 매달 나는 수입의 20~30%를 저축했다. 1월과 2월에는 각각 56%와 53%를 저축했으니 내 수입의 44~47%만으로 생활비가 감당되는 셈이었다. 나는 나의 이론을 증명했다. 예전보다 훨씬 적은 돈으로 생활을 하면서도 저축과 여행까지 할 수 있다는 것을 말이다.

　나는 너무나 입이 근질근질해졌다. 이렇게 정확한 숫자를 확인하고 보니, 쇼핑몰이나 가게 지붕 위에 올라가 내가 발견한 것을 고래고래 소리 지르는 모습까지 상상하게 되었다. '여러분이 왜 저축을 못 하는지 궁금하다면 당장 필요하지 않은 걸 그만 사보세요! 나를 믿으세요, 여기에서 파는 거 하나도 필요 없을지도 몰라요!' 어쩌면 당연한 일이었다. 나는 당시 거의 4년째 돈에 대한 글을 쓰고 있었고, 거의 30,000달러^{3,900만 원}의 빚을 갚았으며, 은퇴를 위한 저축을 시작하던 참이었다.

나는 내 재정적 목표를 달성하기 위해서 많은 돈이 필요하지 않다는 걸 미처 몰랐다. 나는 소비주의 사이클에 빠져 있었고, 매년 더 많은 돈을 벌어야 원하는 것을 더 많이 가질 수 있을 거라 생각했다. 이 사이클은 내가 벌고 남은 여분의 돈을 저축하기보다는 끊임없이 써버린다는 것, 그래서 결국 또 더 많은 돈을 원하게 된다는 것을 의미했다. 하지만 쇼핑 금지로 새로운 이론이 증명되었다. 덜 원하면 소비가 줄어들고, 결국 돈도 덜 필요하게 된다는 이론이 그것이었다.

나는 케일라에게 일을 그만둔 뒤 뭘 할 건지 물었다. 그녀는 전업 프리랜서 작가로 돌아갈 거라고 했다. 예전에 경험했을 때 몇 가지 어려움도 겪었지만, 지난 몇 년간 많은 것을 배우며 다시 시도해보고 싶어졌다고 했다. 나는 케일라가 자랑스러울 뿐만 아니라 그 용기가 질투났다. 제 발로 일을 그만두고 나간다는 게 대담하고 용감무쌍하게 느껴졌다. 그녀는 자신이 원하는 게 무엇인지,

그리고 무얼 하려고 하는지 정확히 알고 있었다.

케일라 역시 나에게 앞으로 뭘 하고 싶은지 물었으나 잘 모르겠다고 할 수밖에 없었다. 구인란을 계속 보는 중이었지만 이거다 싶은 게 없었다. 월급이 괜찮으면 회사가 나에게 흥미가 없거나 직무가 매력 없어 보였다. 케일라가 갑자기 말을 끊고 물었다. "그래서 넌 정말로 뭘 하고 싶은 건데?"

스스로에게 한 번도 한 적 없는 질문이었다. 지금까지 내가 맡았던 일은 모두 경력이나 월급 때문에 선택한 것이었기에 그것들을 하면서 한 번도 행복한 적이 없었다. 나는 퇴근할 때까지 남은 시간을 세어가며 "아직은 괜찮아"라고 말하곤 했다. 그리고 빚을 갚고 온갖 고지서를 납부하려면 안정적인 월급이 필요했기 때문에 늘 어쩔 수 없이 책상에 묶여 있는 것 같다는 느낌을 받았다. 나는 내가 사는 물건이 더 나은 버전의 나를 만드는 데 도움이 될 거라고 생각하며 물건을 샀다. 그리고 그걸 다 사려면 더 많은 월급이 필요했기 때문에 그 직업을 선택했다. 나는 한 번도 하던 일을 멈추고, 내가 정말로 무엇을 원하는지 질문해 본 적이 없었다. 그건 아마도 내가 그런 고민을 감당할 위치에 있었던 적이 없었기 때문일 것이다.

예산을 세우고 돈이 어디로 흘러가는지 계속 기록하는 습관의 장점 중 하나는 퇴사 같은 큰일을 앞두고 미리 계획을 세울 수 있는 수단을 얻는다는 점이다. 나는 미리 앞을 내다보며 퇴사를 해도 불안하지 않을 정도의 돈을 모으려면 5개월이 걸리겠다고 계산했다. 하지만 쇼핑 금지 후 첫 9개월 동안의 내 예산을 돌이켜보니 다른 한 가지 수치가 눈에 띄었다. 바로 내가 매달 거의 같은 금액의 돈을 생활비로 쓰고 있었고, 그것이 예전에 비해 많이 줄어든 금액이라는 점이었다. 저축 비율이 변동을 거듭했던 이유는 모두 그동안 했던 럭셔리한 여행 때문이었다. 그러니 여행할 돈이 없으면 여행을 예산에서 빼버리면 그만이었다. 그렇게 다시 계산했더니 필요한 생활비가 훨씬 적어졌다. 그리고 그 금액은 예전에 프리랜서 작가를 하면서 벌었던 돈과 정확히 일치했다.

케일라에게 처음으로 전업 프리랜서 작가가 되겠다는 이야기를 들었을 땐, 나도 언젠가 그렇게 될 수 있을 거라는 생각을 전혀 하지 못했다. 혼자 힘으로 일을 한다는 건 한 번도 계획해본 적 없는 내용이었다. 언젠가 돈을 많이 벌어서 일을 그만두고 전업 블로그가 되고 싶다는 희망을 품고 웹사이트를 론칭한 블로거들은 무척 많았다. 하지만 그게 나의 계획이었던 적은 없었다. 나는 부채 상환의 여정을 낱낱이 기록하기 위해 블로그를 시작했다. 블로그는 내게 책임감을 느끼게 하는 도구였고, 나와 유사한 상황에 놓인 사람들과 친해질 수단이었다. 그 과정에서 친구도 몇 명 사귀고 프리랜서 작업도 몇 가지 구할 수 있었지만 그런 것들은 늘 부수적인 수준이었다. 이전까지는 혼자 일을 하는 게 계획에도 없었지만 이제는 선택지 중 하나가 되었다.

쇼핑 금지령을 통해 예전에 프리랜서로 일할 때 벌던 돈이면 지금의 생활비를 모두 충당할 수 있다는 걸 알게 되었다. 또한 (세금으로 빼놓는 돈을 포함해) 저축을 하거나 여행을 하고 싶을 때 필요하게 될 총금액도 얼마인지 알게 되었다. 수입이 줄어든다는 사실을 받아들이기가 마음 편하지는 않았지만, 그동안의 쇼핑 금지를 통해 내가 충분히 감당할 수 있다는 걸 증명했다. 더 많은 물건을 원하면 더 많은 돈이 필요하다. 하지만 원하는 게

적으면 필요한 돈도 적어지고, 실제로 얼마를 벌어야 하는지 계산을 할 수 있게 된다. 나는 지금 월급보다도 더 적은 돈으로 충분히 살 수 있었고, 내가 정말로 원하는 직업을 찾기 위해서라면 그 정도의 위험은 감수할 준비가 되어 있었다.

이제 나의 새로운 계획은 이랬다. 두어 명의 고객을 더 찾기, 그리고 일을 그만둔 다음 블로그와 프리랜서 작가 일에 집중하기. 뻔히 위험이 보이는 일이었지만 모험을 감수할 가치가 있었다.

바로 그날부터 나는 자기 사업에 대한 최신 책과 블로그 게시물을 읽기 시작했으며 같은 주제의 팟캐스트도 몇 가지 듣기 시작했다. TV 금지령 동안 깨쳤던 것을 계속 실천하고 있었기 때문에 나의 루틴이나 수면에 방해가 되지 않도록 (팟캐스트를 포함한) 미디어를 일과 후부터 밤 9시 전까지만 허락했다. 그리고 너무 과하게 빠지지 않으려고도 노력했다. 몇 시즌짜리 TV 쇼나 리얼리티를 보느라 몇 주, 몇 달을 허비할 때와는 달리 이 콘텐츠로부터는 실제로 얻는 것이 있었고, 모든 조언 하나하나가 다 필요한 것들이었다.

특히 어떤 팟캐스트를 들을 때는 내 사업을 발전시키기 위해 해야 할 일들을 나도 모르게 마음속으로 외우기도 했다. 그럴 때면 정지 버튼을 눌러놓고 종이를 찾은 다음 내용을 모두 받아 적었다. 2~3주 안에 나의 아파트는 종잇조각, 도서관 책, 책 반납 기일 통지서로 어지러워졌다. 심지어 오래된 드로잉북의 빈 부분을 찢어다가 벽에 붙여놓고 퇴사하기 전에 달성하고 싶은 일들의 타임라인을 대강 그려놓기도 했다. 내 아파트는 더 이상 10월에 블로그에 공유했던 사진만큼 깔끔하지 않았지만, 상관없었다. 나는 제대로 영감을 받았고, 이 정도로 의욕 있는 모습은 몇 달 만에 처음이었다.

계획을 현실로 받아들이는 데 도움이 될까 싶어 매일 한 사람에게 퇴사할 거라는 이야기를 하기로 결심했다. 더 많은 사람에게 말할수록 잠재적으로 더 많은 고객을 확보할 수 있고, 더 많은 사람에게 내가 한 말을 책임져야 한다는 게 나의 논리였다. 나는 그들과의 약속을 저버리고 싶지 않았다.

새로운 소식을 전하고 펼쳐질 미래에 대해 이야기하는 게 처음엔 재미있었다. 하지만 내 상사를 제외하고 이 이야기를 하기 꺼려지는 딱 한 사람이 있었으니, 바로 아빠였다. 아빠는 열일곱 살 때부터 연방 정부의 충직한 공무원으로 일했던 사람이었다. 수년간 돈과 일에 대해 이야기해본 결과 아빠라면 걱정할 것 같아서 그게 걱정됐다. 내 생각이 바보 같다거나 내 계획에 결함이 있다고 말할까봐 우려되기도 했다. 나는 아빠의 견해를 소중하게 생각했고 그의 지지를 원했다. 2주가 지나고 내 결정에 대해 열네 명의 사람과 대화해본 후에야 나는 새로운 계획을 세세하게 아빠에게 알릴 용기가 생겼다. 자세한 돈 이야기로 넘어가기도 전에 아빠는 이렇게 대답했다.
"넌 정말 잘해낼 거야!"

아빠가 나의 직감까지 믿어줄 줄은 미처 몰랐다.

끝이 보이기 시작하자 나도 큰 소리로 욕을 하고 울면서 컴퓨터 화면에 대고 가운뎃손가락을 들이미는 짓을 멈췄다. 내가 부모님의 이혼과 가족의 미래까지 통제할 수는 없어도 내 일은 내가 통제할 수 있었다. 그리고 드디어 기대할 수 있는 일이 생겨서 기분이 참 좋았다.

PART 11

5월:
색다른 곳에서 나 자신을 찾아보기

금주: 28개월째
저축 비율: 24%
이 프로젝트를 완수할 수 있을 거라는 자신감: 100%

　10개월 동안 쇼핑 금지에 성공하자 놀랍게도 필요하지도 않은 걸 사고 싶어 한 게 마지막으로 언제였는지 기억도 나지 않았다. 어떤 종류의 반응에도 나의 트리거는 건드려지지 않았다. 이번 시즌 필독 도서 목록이 실린 기사를 봐도 이제 아무렇지 않게 넘길 수 있었다. 아직도 집 책장에 읽지 않은 책들이 한가득이란 걸 알고 있었기 때문이다. 내가 좋아하는 캔들 판매 사이트에서 광고를 마주쳐도 쉽게 무시할 수 있었다. 비록 내가 글 쓸 때 캔들을 켜놓길 좋아하고 지금 그게 다 떨어졌지만 괜찮았다. 1월에 나만의 캔들을 만들기 위해 쇼핑 규칙까지 바꿔놓았지만 실제로 캔들 용품은 하나도 사지 않았다. 캔들 만들기 혹은 캔들 없이 살기 선택지가 있다면, 나는 당분간 캔들 없이 살기를 선택할 생각이었다. 나는 내가 가진 것에 만족했고, 이 감정 그대로 결승선까지 갈 수 있으리라 자신했다.

5월 동안 24일간 집을 비우는 스케줄도 도움이 되었다. 이전과 비교하면 집을 떠나 있는 시간 면에서도, 24일간 해야 할 여행의 횟수 면에서도 극단적인 상황이었다. 하지만 정말 가고 싶지 않은 여행 딱 하나만 빼고는 각각의 여행 모두가 제각기 목적이 있었다.

처음엔 일 때문에 토론토에 갔다. 나는 매번 프리랜서에게 모든 걸 맡기는 대신 늘어나는 콘텐츠 수요를 충족할 수 있도록 내부 직원을 뽑아야 한다고 끊임없이 요구했고, 상사가 드디어 직원 고용을 허락해줬다. 나는 도착하기 몇 주 전부터 모든 이력서를 다 확인했다. 그리고 후보자 명단을 추려서 글쓰기와 편집 과제를 완수하게 하였으며, 토론토에 있는 동안 하게 될 인터뷰를 준비했다. 우리는 모든 걸 고려하여 한 명에게 제안을 했고, 그 제안은 받아들여졌다. 이보다 더 안심이 될 수는 없었다. 모든 여행을 끝내고 집으로 돌아갈 때쯤이면 내 곁에는 일손 한 명이 더 늘어나 있을 것이고, 그 어느 때보다 그 존재가 필요하던 참이었다.

이 회사에서 일한 지 거의 3년이 지나도록 제대로 된 휴가를 한 번도 받지 못했다. 이삼 일씩 쉬면서 이곳저곳에서 콘퍼런스에 참여한 적은 있지만 그게 다였다. 2월에 뉴욕에 갔을 때도 주중엔 대부분 일을 했다. 단순히 내 임무를 넘길 사람이 한 명도 없어서였다. 우리 팀의 첫 번째 편집장이 되었다는 사실이 초창기엔 너무나 큰 선물처럼 느껴졌다. 당시엔 내 강점을 활용하여 내 역할을 정할 수 있었기 때문이다. 하지만 (이마저도 내가 만든) 스타일 가이드에 맞춰 글을 쓰고 편집할 수 있는 유일한 사람, 우리 블로그의 백엔드를 쓸 수 있는 유일한 사람이 된다는 건 회사의 핵심 인물이 되는 걸로 끝나는 일이 아니었다. 이는 장기간 휴가를 낼 수 없다는 뜻이기도 했다. 그리고 나는 휴가가 필요했다. 맞다, 절실히 필요했다. 물론 곧 이 직장을 떠날 계획이었지만, 그래도 지금 당장 휴가가 필요했다.

토론토에서 브리티시컬럼비아로 날아간 나는 빅토리아 집에서 일주일을 보냈다. 여름방학을 맞은 벤이 막 집에 돌아온 상태였기 때문에, 그제야 직접 얼굴을 보며 이혼 이야기를 할 수 있었다. 벤도 앨리와 나만큼 놀랐음을 인정했다. "난 우리가 행복한 결혼 생활이 무엇인지 몸소 보여주는 부모님 밑에서 자랐다고 생각했어." 우리는 집 근처 숲이 우거진 산책로를 걸으며 이제 어떻게 할 것인지 서로의 생각을 상세히 나눴다. 벤은 여태 자신의 감정을 드러낸 적이 없었다. 벤은 여느 엔지니어가 그러하듯 조용했으며 못 본 새 많이 성숙해진 것 같았다. 그의 입에서 나오는 모든 말들이 자랑스럽게 느껴졌으나 속상하냐고 물었을 때 나온 벤의 대답은 그중에서도 최고였다.

"괜찮아. 그러니까, 지나간 일은 어쩔 수 없는 거잖아."

이미 지나간 일… 다시 돌아갈 방법이 없었다. 부정할 수 없는 사실이었다. 아무리 애원해도 변할 수 없는 것이었다. 벤은 화를 내지도 않았고 슬퍼하지도 않았다. 벤은 내가 경험한 슬픔의 단계 대부분을 그냥 뛰어넘고 새로운 소식을 있는 그대로 받아들였다. 그 새로운 소식이란 진실이었고, 우리의 새로운 현실이었다. 이제 우리가 할 수 있는 일은 앞으로 나아가는 것뿐이었다. 우리 모두가 알고 있는 것이었는데 벤이 제일 먼저 언급해주었다.

나는 앨리와 벤을 걱정하고, 미래에 대해 스트레스를 받으며, 이 새로운 길을 함께 나아가는 데 내가 어떻게 도움이 될 수 있을지 고민하며 몇 달을 보냈다. 그것이 첫째로서 해야 할 일이었다. 나는 동생들이 태어났을 때부터 '아이들' 돌보기를 도왔기 때문이다. 하지만 벤의 대답을 들어보니 벤은 이제 내가 걱정했던 것만큼 내가 필요하지 않다는 걸 알 수 있었다. 그는 괜찮았다. 우리도 모두 괜찮을 것 같았다. 나는 부정적인 악순환에 빠진 우리를 끄집어내어 옳은 방향으로 안내해줄 사람이 벤일 거라고는 상상도 못 했다. 하지만 벤이 정확히 그런 역할을 하고 있었다. 그는 슬픔으로부터 나를 인도했고, 다시 발밑에 단단한 땅이 있다는 걸 느낄 수 있게 도와주었으며, 새로운 가족이 갈 방향을 알려주었다.

빅토리아에서의 남은 일주일은 종일 일을 하며 보냈다. 그리고 5월 20일, 몇 해 전 재무 블로그 커뮤니티를 통해 만났던 친구 사라와 함께 다시 뉴욕 시로 날아갔다. 나는 뉴욕에서 열흘간 장거리 자동차 여행을 시작하기로 했기에 그동안은 내내 일에서 손을 떼고 싶었다. 그렇게 하기 위해서는 그 전주에 추가 근무를 끼워넣어 5일 만에 모든 일을 완수해야만 했다. 어쨌든 난 해냈다. 첫 비행기를 탈 때까지 피곤해서 눈이 시뻘겋게 충혈되어 있긴 했지만 어쨌든 해냈다. 진짜 휴가가 시작된 것이다.

사라와의 여행은 부모님의 이혼을 알게 되기 전부터 계획하고 있었다. 캐나다 달러는 낮고 환율은 비싸서 경비가 저렴하지 않겠다는 걸 알고 있었기에 우린 돈을 절약할 방법을 열심히 찾고 있었다. 동반 티켓으로 예약했더니 돌아오는 항공편은 1인 가격으로 2인을 예매할 수 있었다. 또 숙박비를 아끼기 위해 남은 객실을 할인가에 판매하는 웹사이트를 열심히 뒤졌다. 저명한 럭셔리 여행 웹사이트에 글을 썼던 사라가 리뷰의 대가로 받은 공짜 호텔 숙박권도 몇 장 있었다. 그리고 기차 티켓을 살 때는 할인 코드를 썼고 차를 렌트할 때는 포인트를 이용했다. 출발할 때쯤 모든 예약이 다 완료되었으나 정가를 다 지불한 것은 하나도 없을 정도로 알뜰하게 준비를 끝냈다.

처음 머문 곳은 뉴욕 시였다. 우리는 유니언스퀘어 근처 멕시코 음식점에서 섀넌을 만난 후 '스트랜드 서점'The Strand Bookstore이 처음이라는 사라와 함께 서점을 방문했다. 일렬로 세우면 30km나 되는 책을 보유하고 있다는 스트랜드 서점은 뉴욕에 갈 때마다 들르는 나의 최애 장소였다. 방문 때마다 최소 한 시간씩 서점 통로를 걸어 다녔지만, 지금까지도 서점의 절반밖에 구경 못 한 느낌이었다. 스트랜드에서 책을 산 적은 없었다. 주로 쇼핑 금지령 기간에 여길 왔었기 때문이다. 그건 이번에도 마찬가지였다. 무슨 잔인한 말장난이나 뒤틀린 게임을 하는 것처럼 보일 수도 있겠지만 도저히 멈출 수가 없었다. 책을 살 수는 없어도 뉴욕 시에 가놓고 스트랜드 서점에 들르지 않는 건 파리에 가놓고 에펠탑을 보지 않는 것과 마찬가지였다. 난 꼭 가야 했고, 꼭 봐야 했다.

뉴욕에서 기차를 타고 보스턴에 간 우리는 '샘 라그라사'에서 파스트라미 샌드위치를 먹고 '마이크스 페이스트리'에서 카놀리를 먹었다. 프리덤 트레일을 따라 걸으며 역사 수업을 들었고, 뉴잉글랜드 홀로코스트 기념관에서는 깊은 감정에 휩싸이기도 했다. 우리는 비콘 힐의 좁은 벽돌 길을 걷고, 보스턴 커먼의 연립 주택을 지나, 커먼웰스 애비뉴를 따라 워터프런트까지 갔다. 밤이 되어 다시 호텔로 돌아온 우리는 블랙티 한 주전자를 끓인 후 아픈 발을 높이 올려놓고, '마이크스 페이스트리'에서 사서 야식으로 먹으려고 아껴두었던 에끌레어를 천천히 먹었다. 여행이 그날로 끝났었더라도 나는 만족했을 것이다.

두 번째 날에는 하버드 대학을 방문하기 위해 지하철을 타고 케임브리지에 갔다. 나는 비록 아이비리그 교육을 받을 기회는 없었지만 단 하루만이라도 어떤 느낌인지 상상해볼 수 있었다. 우린 캠퍼스 바로 밖에서 아이스크림을 산 뒤 그늘진 잔디밭에서 더위를 피할 요량으로 하버드 야드로 갔다. 직원, 학생, 관광객들이 주변 사방으로 오갔다. 그 가운데 유일하게 멈춰 서서 우리를 바라보는 존재가 있었으니 바로 하버드의 다람쥐들이었다.

상상하건대 우리가 마지막 남은 아이스크림콘 끄트머리를 나눠주기를 말없이 기대하고 있는 눈치였다. 아이스크림을 다 먹고 나서는 다시 햇볕으로 나가 캠퍼스 산책을 마저 할까 했지만, 그전에 존 하버드의 왼쪽 신발을 문지르며 행운을 빌기로 했다.

우리는 보스턴에서 다시 기차를 타고 뉴욕 시로 돌아가 주말을 보내기로 했다. 그리고 생전 처음 브로드웨이 쇼를 관람하기로 결심했다. 뉴욕 시는 네 번째 방문이었지만 아직 내 발로 극장에 가본 경험이 없었다. 사실 나는 기분 전환이나 여흥을 즐기는 일 순위로 뮤지컬 극장을 꼽은 적이 없는 사람이었지만 이번은 달랐다. 뉴욕 시의 브로드웨이 쇼는 특별하기 때문이다. 그 누구라도 만족시킬 수 있는 무언가가 있기 때문이다. 우리는 타임 스퀘어에 있는 TKTS 할인 티켓 부스에 줄을 서서 그날 밤 〈시카고〉 공연 표를 두 장 구매했다. 극장에 도착해 프로그램 북을 받은 우리는 브랜디 노어우드를 볼 생각에 신이 났다. 우리가 어릴 때부터 좋아하던 가수가 록시 하트 역을 맡았던 것이다. 세 시간 후, 우리는 두 손을 옆으로 흐느적거리고 〈올 댓 재즈〉 가사를 흥얼거리면서 호텔까지 껑충껑충 뛰어갔다. 다음 날 렌트한 차를 타고 타임 스퀘어를 지나 뉴욕 시를 벗어날 때까지도 입에서 노래가 떨어지지 않았다.

다음 주, 우리는 가게 되리라고 한 번도 기대한 적 없는 곳을 돌아다녔다. 출발하기 전 우리가 한 일은 호텔 객실 예약뿐이었다. 우리는 밤마다 어디에서 자야 할지만 알고 있었지 낮 동안 어떻게 시간을 보낼지에 대해서는 계획이 하나도 없었다. 그래서 뉴욕에서 필라델피아로 가는 동안, 우리는 중간중간 차를 세워서 쉬고 프린스턴 대학 일부도 구경했다. 두어 시간 동안만이라도 두 번째 아이비리그 교육을 받는 중인 (척하는) 우리는 필라델피아가 자유의 종, 리버티 벨이 있는 곳일 뿐만 아니라, 미국에서 가장 맛있는 음식이 있는 곳이라는 걸 알게 되었다. 또한 워싱턴 D.C.의 내셔널 몰은 실제로 쇼핑몰이 아니라 한쪽 끝에는 링컨 기념관과 미국 국회의사당, 다른 쪽 끝에는 여러 기념관들로 둘러싸여 있는 거대한 공원이라는 것도 알게 되었다. 타임 스퀘어에 차를 몰고 갔다가 죽다 살아난 이야기도 했던가?

필라델피아와 워싱턴 D.C.에서 묵었던 호텔은 사라

가 힘들게 일해서 공짜로 얻어낸 곳으로 다름 아닌 리츠 칼튼 호텔 체인점이었다. 나는 내가 이렇게 화려한 호텔에 묵는 사람이 될 줄은 상상도 못 했었다. 그 호텔을 설명할 수 있는 유일한 단어가 '화려한'인 것만 봐도 내가 거기에 속한 사람이 아니라는 걸 증명하는 듯했다. 5달러6,500원짜리 티셔츠에 갭에서 산 카키 바지를 입고 호텔에 들어간 것도 내가 얼마나 그곳과 어울리지 않는지 증명해주고 있었다. 하지만 그곳에서 나는 럭셔리 호텔이란 실제로 기억할 만한 경험을 제공하는 곳이라는 걸 알게 되었다. 호텔에 도착하자마자 주차 담당자는 우리 이름을 알고 있었다. 심지어 우리가 그를 알아보기도 전부터 말이다. 객실에 가니 접시 위에 수제 캔디가 잔뜩 놓여 있었고, 캔디에는 독특한 해시태그가 적혀 있었다. 우리가 초콜릿 드리즐로 적은 뒤 인스타그램에 올렸던 해시태그, '#사라와케이트가동쪽으로간다'가 말이다. 매일 밤 방에 돌아가면 침구가 새롭게 정리되어 있었다. 커튼은 처져 있고, 협탁 램프는 켜져 있고, 이불은 제자리에 끌어올려져 있고, 침대 위에는 초콜릿 한 줌이 놓여 있었다. 사라는 객실 정리 서비스에 익숙했지만, 난 이번 여행까지 그 존재 자체도 모르고 있었다.

여행이 끝나갈 무렵 어느 날, 조지타운 워터프런트 공원 너머로 막 해가 지기 시작할 때였다. 나는 석양 위로 떠오른 무지개를 보며 그제야 기분이 괜찮아지기 시작했음을 깨달았다. 그렇다고 매일 매 순간 행복했던 건 아니었다. 보스턴에서 뉴욕 시로 가는 기차 안에서 눈물을 몇 방울 흘리기도 했고, 앨리와 걱정 어린 문자 메시지를 몇 차례 주고받기도 했다. 하지만 난 괜찮았다. 사라와 여행을 하는 동안 나는 미소 짓고, 농담하고, 웃고, 춤추고 또 노래했다. 절실히 필요했던 휴가를 누렸다.

무엇보다도 나 자신을 가장 최우선에 두었다. 누군가에게 무언가를 빚지고 있다는 느낌, 혹은 그 반대가 될 수도 있다는 느낌을 모두 단념했다. 난 내가 하고 싶을 때 하고 싶은 것을 했다. 내 행복을 가장 중요하게 생각했다. 그리고 난 괜찮았다. 당시 우리가 찍은 사진들은 아름다웠다. 그리고 그 이후로 그 사진들은 내 가슴에 액자처럼 걸려 있다.

어느 길을 달리고 어느 도시를 방문하든, 나를 여기에 올 수 있게 해준 것 그리고 올해 이렇게 많은 많이 여행할 수 있게 해 준 것은 다 쇼핑 금지령 덕분임을 실감했다. 고등학교 졸업을 앞두고 있던 어린 시절부터, 나는 더 넓은 세상을 보고 싶다는 욕망을 공공연하게 알리곤 했다. 하지만 단 한 번도 그걸 실행할 돈이 없었던 것 같다. 작년까지 가족 없이 해본 해외여행(일이나 콘퍼런스가 아닌 진짜 여행)은 여자 친구들끼리 라스베이거스에 가본 게 다였다. 그것도 당시 여행 경비가 말도 안 되게 쌌기에 가능한 일이었다. 친구들은 유럽, 동남아시아, 호주, 뉴질랜드를 돌아다닌 경험을 신나서 떠들곤 했지만, 난 가까운 코스타리카, 니카라과, 도미니카 공화국에도 가본 적이 없었다. 당시 나의 논리는 가진 돈이 없어서 안 된다는 것이었다. 그리고 그건 사실이었다. 내 은행 계좌를 보면 그게 사실이었다. 그 대신 내 아파트를 둘러보면 돈이 꽤나 있었을 것처럼, 아니면 적어도 신용카드 정도는 쓸 수 있을 것처럼 보였을 것이다. 나는 단지 다른 곳에 돈을 쓰고 있었던 것이다.

나는 항상 일을 쉴 수가 없다고, 무급 휴가를 받을 여유가 없다고 주장했다. 내가 원하는 걸 더 많이 사려면 돈을 더 벌어야 한다고 생각했다. 그리고 실제로 훨씬 더 많은 것을 원했기에 훨씬 더 많은 돈을 벌어야 했다. 이런 악순환의 결과 내게 남은 건 넘치는 물건, 넘치는 빚, 그리고 다른 건 모두 부족한 현실이었다. 문득 11개월 전에 없애버린 물건은 대부분 기억나지 않지만, 그동안 했던 여행의 세세한 디테일은 모두 떠오른다는 걸 깨달았다. 굳이 기념품을 살 필요도 없었다. 음식의 맛이 어땠는지, 풍경이 어떤 모습이었는지, 내 피부에 닿는 햇살이 어떤 느낌이었는지 하나하나 영원히 기억할 수 있을 것 같았다. 10대 때부터 내가 원하던 것을 드디어 가질 수 있게 되었다. 나는 그제야 내가 꿈꾸던 생활 방식대로 살기 시작하고 있었다.

여행 마지막 날, 사라와 나는 노트북을 펼친 채 침대에 앉아 고객에게 보내야 할 기사를 쓰고, 다가올 한 주 동안 해야 할 회의와 전화 통화 일정을 잡았다. 사라는 과감하게 거의 1년 전에 퇴사한 후 혼자 일하고 있기에, 나에게 끊임없는 영감의 원천이었다. 미래에 내가 바라는 '성공'의 모습이 어떤 것인지 정의할 때 사라가 나의 본보기였다. 사라는 가장 생산적인 시간대에 열심히 일하고, 사랑하는 사람들과 많은 시간을 보내며, 전 세계를 여행

하는 사람이었기 때문이다. 나도 언젠가 혼자 일할 수 있을 것 같은지 사라에게 물어보았다.

"사람들과 잘 지내는 게 너의 능력이야, 케이트."

사라는 뒤이어 아빠랑 같은 말을 해주었다.

"넌 정말 잘해낼 거야!"

집으로 돌아갈 비행기를 타기 위해 다시 뉴욕 시로 운전해서 가는 중, 나는 거절할 수 없는 제안이 담긴 이메일을 받았다. 곧 혼자 일할 계획이라고 많은 사람들에게 미리 알린 덕분인지, 내 고객 중 한 명이 연말까지 나를 바쁘게 만들어줄 일거리가 있다며 메일을 보내온 것이다. 가능한 한 빨리 시작할 수 있는 일이었고, 원한다면 많이 할 수도, 적게 할 수도 있는 일이었다. "관심 가질 만한 일인 것 같은가요?" 솔직히, 알 수 없었다. 그것은 정확히 내가 뛰어들고 싶은 종류의 일이 아니었고, 다른 고객들에게 받는 돈에 비하면 그 액수도 터무니없이 적었다. 하지만 이 제안이 실제로 무엇을 의미하는지 난 알고 있었다. 이것은 퇴사할 기회, 탈출의 기회였다. 난 과감히 도전하는 게 여전히 두려웠다. 준비가 되어 있는 건지 확신도 없었고, 이 고객이 갑자기 날 외면하면 내가 뭘 어떻게 해야 하는지도 몰랐다. 내가 확실히 아는 건 그동안 하고 있던 프리랜서 알바 일 덕분에 연말까지 먹고살 수 있는 현금은 마련해두었다는 사실이었다. 그때까지만 혼자 일해보는 경험을 해본다 해도, 그 자체로 의미가 있지 않을까?

집에 돌아온 나는 상사에게 전화를 걸어 1개월 후 퇴사하겠다고 알렸다. 그때면 쇼핑 금지령도 끝나는 때이니 나는 자유의 몸이 될 수 있었다.

PART
12

6월:
짐 챙겨 옮기기

금주: 29개월째
저축 비율: 42%
정리한 물건 비율: 70%
이 프로젝트를 완수할 수 있을 거라는 자신감: 100%

쇼핑 금지 마지막 달, 1년 내내 경험했던 것보다 불확실성이 더 큰 한 달이었지만 그래도 어느 때보다 잘 해냈다. 나는 아침마다 일어나 나 자신의 상사가 되는 날에 하루 더 가까워졌음을 깨달으며 아드레날린이 솟구치는 걸 느꼈다. 신이 난 나는 아파트 안을 발끝으로 걸어 다녔고, 때로는 커피를 내리며 부엌에서 춤을 추기도 했다. 책상 앞에 더 꼿꼿이 앉아 해야 할 일 리스트에 남아 있는 업무들을 하나씩 정리해나갔다. 어깨를 펴고 심호흡을 하면 내 폐와 온몸에 희망이 가득 찼다. 이제 끝이 눈앞에 있었다. 나도 드디어 다시 숨을 쉴 수 있게 되었다.

지금까지 나는 내 삶을 변화시키는 시기가 되어서야 나 자신의 장점을 발견하곤 했다. 빚을 갚기 위해 애를 쓰면서 내가 얼마나 단호한 사람인지 알게 되었다. 팍팍한 예산으로 살아보면서 내가 생각보다 훨씬 더 수완이 풍부한 사람임을 증명했다. 나의 건강을 스스로 돌보며 내가 나의 몸과 정신 상태를 통제할 수 있는 사람임을 보여주었다. 사지 않음으로써 난 어떤 영향도 받을 필요가 없는 사람임을, 혹은 재미있을 필요가 없는 사람임을 깨달았다. 그리고 1년간 쇼핑을 포기함으로써 내가 생각했던 것보다 훨씬 더 의지력이 있는 사람임을 증명했다. 그리고 내가 얻을 수 있는 것에 의지를 집중하지 않을 때 더 행복해진다는 걸 알았다. 이러한 각각의 도전 덕분에 나는 나쁜 습관을 바로잡을 수 있었고, 적당히 요령을 피우던 버릇에서 벗어날 수 있었다. 매번 도전마다 그 걱정과 공포의 모습은 달랐지만, 대부분 그 뿌리는 같았다. 바로 변화, 그리고 그에 수반되는 불확실성이 문제였다.

퇴사를 하고 혼자 일을 시작하는 것도 별반 다르지 않을 것이다. 하지만 나는 맞닥뜨릴 준비가 되어 있었다.

그렇다고 겁이 나지 않는 건 아니었다. 부엌에서 춤을 추고 있는 자신을 발견할 때마다 문득 멈춰 서서 내가 포기한 건 무엇인지 고민하기도 했다. 안정적인 일과 정기적인 급여. 나는 몇 가지 다른 시나리오를 상상하며 내가 한 달에 얼마를 벌게 될지 계산해보았으며, 그랬을 때 나의 예산과 계획에는 어떤 영향이 가는지 예측했다. 그런 다음 내가 저축한 돈이 얼마인지 확인(애초 목표보다 겨우 1,000달러^{130만 원}부족)했고, 잘해낼 수 있을 거라 다시 한번 상기시켰다. 나는 스스로에게 5개월의 기한을 주면서 원하는 저축액을 채우기로 한 뒤 3개월 만에 목표를 거의 달성한 경험도 있었다. 이젠 목표만 있으면 저축은 쉬웠다. 나는 단호하고 지략이 있는 사람이었다. 난 성공할 수 있었다.

가장 두려운 건 숫자와 관련된 게 아니었다. 상사에게 전화를 걸어 그만두겠다고 말하는 것이었다. 그녀는 내게 정말 큰 기회를 주었고 늘 그 빚을 갚아야 한다고 생각하고 있었다. 하지만 그녀 역시 나의 친구이기도 했고,

단지 여자에게뿐만 아니라 언젠가 자신의 사업을 하려는 사람들에 놀라운 롤모델이었다. 물론 금융적인 면도 많이 가르쳐주었지만, 사랑하는 사람과 일하는 것 그리고 자신이 하는 일을 좋아하는 사람과 일하는 것이 얼마나 중요한지도 알려준 사람이었다. 회의에서 억대 계약에 대해 이야기하다가도 사석에선 완전히 다른 사람처럼 리얼리티 쇼 최근 방송분을 봤냐고 물어보는 모습을 통해 언제나 과하게 심각할 필요가 없다는 것도 알려주었다. 생방송 TV 인터뷰를 앞두고 내게 이야깃거리를 다시 훑어봐달라고 전화했던 게 그녀와의 마지막 통화였다. 이것 역시 도움을 청한다는 게 얼마나 중요한지 몸소 보여주는 실례 중 하나였다. 난 이런 사람과 일해 본 적이 없었다. 지난 직장을 생각해보면 내가 직장 동료들에게 왜 그렇게 무관심했는지 알 수 있다. 도전 의식을 느껴본 적도 없었고 배울 거리도 없었다. 그러다 보니 나 역시 성장하지 못했다. 하지만 지금의 상사는 그 모든 것(도전하고, 배우고, 성장하는 것)이 한 번에 가능하다는 걸 보여주었다. 그리고 지금의 직장을 떠난 후에도 이 경험은 계속 이어질 것이다. 나는 맡은 역할 안에서 오랫동안 행복하게 지냈기에, 이 일을 그만둔 내 모습을, 그것도 나 혼자 일을 하는 모습을 상상할 수가 없었다. 혼자 일하는 게 나의 계획에 존재했던 적이 한 번도 없었다. 하지만 지금 와서 생각해보면 그게 내 운명이었을지도 모르겠다. 서로에게 기회가 되어 주고, 상사에게서 일을 배우고, 마침내 혼자 일을 하게 되는 이 모든 과정이 정확히 예견된 일이었는지도 모른다. 내가 계획을 털어놓자 그녀는 이럴 줄 알았다는 듯 말했다.

"언젠가 이런 전화를 받게 될 줄 알고 있었어, 케이트."

전화기 너머로 그녀의 미소를 느낄 수 있었다.

우리 모두 정신없이 바쁜 한 달이었다. 우리는 후임자 고용 작업을 시작했지만 휴가 스케줄 때문에 내가 일을 그만둔 후 몇 주까지도 최종 결정을 내리지 못하고 있었다. 그동안 나는 내 일을 넘겨줄 우리 팀 몇 명을 교육시키고, 새로운 편집자를 위해 내 업무의 개요를 알려주는 문서를 작성했다. 그사이에 프리랜서들이 함께 일할 수 있도록 절차를 마련했다. 몇 달 만에 처음으로 나의 조직화 스킬이 쓸모 있다고 느껴지는 순간이었다.

퇴직 날짜가 다가올수록 직장에 대한 생각보다 내 미

래에 대한 질문으로 생각이 쏠리는 건 어쩔 수가 없었다. 다가올 나의 날들은 어떤 모습일까? 앞으로 내 블로그에 더 많은 에너지를 쏟아부을 수 있을까? 프리랜서 작업 외의 것들을 어떻게 최대한 효율적으로 조직할까? 고객이 일을 끊어도 괜찮을까? 모든 고객이 다 떨어져나가면 어떻게 되는 걸까? 이런 걱정들이 나를 사로잡을 때마다 나는 정리해놓은 숫자들을 보면서 괜찮을 거라고 다시 한 번 상기시켰다. 연말까지는 해야 할 일들이 줄을 서 있었다. 그 후에는 무슨 일이 일어날지 알 수 없었지만, 올해 6개월 동안 잘 해내기만 한다면 그 자체로도 가치가 있을 것 같았다. 불확실한 게 너무 많은 상태로 살아가는 게 쉽지는 않겠지만 이미 전에도 해본 경험이 있었다. 실제로 금주를 시작한 이후로 줄곧 그렇게 살아왔다. '한 번에 하루를 살, 한 번에 한순간을 누리기.'

나의 마지막 출근일은 2015년 6월 26일이었다. 나는 처리해야 할 일을 탈탈 비우고, 4월부터 컴퓨터에 붙여놓았던 쪽지도 떼어버렸다. 4월에는 7월 1일까지 퇴사를 하는 건 그저 스트레치 골일 뿐 불가능한 위업처럼 보였다. 하지만 내가 그걸 우선순위에 두기만 한다면 불가능한 건 없다는 걸 이제 알 때도 된 것 같다.

퇴사와 동시에 나는 고향으로 이사를 갈 궁리를 시작했다. 나는 원래 2012년 이 일을 하기 위해 빅토리아를 떠났고 은퇴할 때까지 고향에 돌아가지 못할 거라 생각하고 있었다. 나는 늘 성공적인 삶을 사는 유일한 방법은 경력 사다리를 오르는 것이며, 그게 빅토리아에서는 선택 사항이 아니라고 생각했다. 그곳은 주정부가 있는 도시였고 나는 별로 고향에 돌아가고 싶지 않았다. 나는 매년 승진과 연봉 인상에만 신경을 쓰는 일도 하고 싶지 않았다. 그리고 대도시에 살면 더 이상 노력할 일이 없는 것처럼 느껴질 것 같았다. 대도시엔 더 많은 일, 더 많은 돈, 더 많은 것이 물건이 있겠지만 실제로 나는 그런 것들을 원하지 않았다. 그리고 이제는 그런 것들이 필요하지도 않았다. 내가 필요한 건 생활을 하고, 저축을 하고, 때때로 여행을 할 수 있을 정도의 돈을 버는 것이었다. 그리고 쇼핑 금지령을 통해 그렇게 살기 위해서는 정확히 얼마가 필요한지 알 수 있게 되었다.

고향으로 돌아가는 것에 끌렸던 또 다른 이유는 작은 도시일수록 자연스레 더 느린 생활방식을 가지게 되며, 삶에서 얻을 수 있는 작은 것들에 감사함을 느끼는 사람들의 커뮤니티가 풍부할 거라고 생각해서였다. 나는 일보다 삶에 가치를 두는 사람, 온라인보다 야외에서 시간을 보내는 사람, 돈을 써서 모든 편의를 얻기보다 스스로 무언가를 해내는 사람들에게 둘러싸여 살고 싶었다. 나는 토론토로, 다시 그레이터 밴쿠버로 이사를 했다. 나 자신을 위한 경력을 쌓기 위해서는 대도시에 있을 필요가 있다고 생각했기 때문이다. 하지만 그게 정말 내가 원하는 것인지에 대한 고민이 끊이지 않았었고, 결국 내가 원하는 것이 아니라는 결론을 내렸다. 이제 난 나의 가치가 무엇인지 알았고, 그런 가치를 함께 나눌 수 있는 사람들과 함께 살고 싶었다. 게다가 어차피 혼자 일할 생각이라면 어디에 살아도 상관없을 것 같았다. 그렇다면 가족들과 친구들이 있는 도시에 살고 싶지 않을 이유가 없었다. 고향으로 영영 돌아갈 수 있을지는 알 수 없었지만 영원한 게 없다는 것 또한 알고 있었다. 계속해서 '한 번에 하루를 살기'를 할 셈이라면 내가 원하는 곳에서 하고 싶었다.

짐을 싸면서 지난 한 해를 돌이켜보니 웃음이 나오기 시작했다. 내가 사랑하는 사람들이 보기엔 나의 이 실험이 처음부터 얼마나 터무니없었을까? 우선 한 해 동안 쇼핑을 하지 않기로 했다고 말하면 다들 자연스레 눈썹을 치켜올리고 질문을 던졌다. 하지만 나는 거기에 그치지 않고 또 다른 흥미로운 소식을 전했다. 가지고 있으면서도 사용하지 않는 물건들은 다 없애버릴 계획이라고 말이다. 당시 나는 두 가지가 서로 어떻게 연관되어 있는지, 내가 왜 그 두 가지를 동시에 하고 싶은지 제대로 설명하지 못했다. 난 그저 블로그 게시물에 적어놓은 이 구절로 설명을 대신했다.

"난 내가 원하는 의식 있는 소비자가 되지 못했다."

나는 최종적인 목표가 무엇인지, 내가 그것으로 무엇을 증명하고 싶은지도 알지 못했다. 난 그저 내가 늘 하던 대로 나침반도 없이 뛰어들었고 잘될 거라고 낙관했다.

1년간 쇼핑하지 않기에 도전하면서 나는 마음의 준비를 했다. 실패를 맞을 수도 있고 내 인생 가장 성공적인 한 해를 보낼 수도 있었기 때문이다. 그리고 다행히 그 결과가 후자라서 참으로 행복하다. 전체 여정 내내 나는 속도를 늦추고, 소비와 과소비를 유발하는 트리거를 발견하고, 나의 나쁜 습관을 맞닥뜨려 변화시켜야 했다. 마케터들은 우리 인생에 그 물건이 꼭 필요할 거라며, (가장 새롭고 가장 위대하며, 우리의 문제를 해결해줄 수도 있고, 최신 유행이기도 하다며) 우릴 설득하려 하지만 난 그런 것들을 모두 포기했다. 난 그런 것들 대신 기본 필수품만 구매했고, 새로운 것은 전혀 사지 않는 채 1년이 지나고 나서야 그 필수품만 있으면 된다는 걸 깨달았다. 그건 누구라도 마찬가지였다. 난 언제나 더 원하고, 더 사고, 더 많은 돈을 필요로 하는 악순환에 빠져 있었다. 하지만 쇼핑 금지가 진실을 밝혀냈다. 덜 원하기로 마음먹으면, 덜 살 수 있고, 궁극적으로 적은 돈만 필요하게 된다는 진실.

잡동사니를 정리하고 가진 것의 70%를 처리하는 과정은 또 다른 가르침을 주었다. 난 지난 29년 동안 내가 되어야 한다고 생각한 사람이 되기 위해 살 수 있는 건 모두 사고, 할 수 있는 건 모두 하며 살았다. 너무나 많은 것을 가지고 있었고 잘못된 것을 소비했다. 모두 내가 충분히 훌륭하다고 느꼈던 적이 없었기 때문이었다. 나는 충분히 똑똑하지도, 충분히 프로페셔널하지도, 충분히 재능 있지도, 충분히 창의적이지도 않았다. 나는 나 자신을 믿지 않았고, 어떤 상황에서 내가 내는 아이디어도 믿지 못했기에 더 나은 나를 만들기 위해 물건을 샀다. 그래서 나는 엉망인 상황을 정리하고 내가 진정으로 누구인지 알아내는 데에 1년을 썼다. 작가 그리고 독자. 하이커 그리고 여행가. 반려동물 보호자 그리고 동물 애호가. 자매, 딸 그리고 친구. 나는 물질적인 것에 가치를 두는 사람이 결코 아니었다. 나는 내 인생의 사람들, 그리고 그들과 함께 나누는 경험을 중요하게 생각했다. 그런 것들은 집안의 물건들 틈에서 찾을 수 있는 게 아니었다. 늘 내 마음속에 있던 것이었다.

단순히 1년간 쇼핑만 멈췄더라면 소비자로서의 나 자신에 대해 많은 걸 배웠을 것이다. 그리고 단순히 집 안의 잡동사니만 정리했더라면 나의 관심사에 대해 많이 알게 되었을 것이다. 하지만 동시에 두 가지 모두에 도전했기에 달랐다. 덕분에 생각 없이 흘러가는 대로 사는 걸 멈추고 내 결정에 질문을 던지기 시작했기 때문이다.

나는 누구인가? 나는 무엇을 잘하는가? 나는 무엇에 관심이 있는가? 내가 지금의 삶에서 진정으로 원하는 건 무엇인가? 가족력으로 보건대 운이 좋다면 난 여든다섯까지 살 수 있을 것이다. 그렇다면 그동안 난 무얼 하고 싶은가?

생존을 위해 언제나 음식을 먹고 물을 마셔야 하는 것처럼, 나는 항상 무언가에 비용을 지불해야 했다. 그게 어쩔 수 없는 현실이었다. 하지만 나는 영광스럽게도 어디에 돈을 써야 할지, 무엇을 내 몸에 넣어야 할지 선택할 수 있는 위치에 있었다. 이 깨달음은 좀 더 의식 있는 소비자가 되어 돈을 절약할 수 도와주었을 뿐만 아니라, 다른 사람들을 보살피고 단순한 것에서 감사함을 느낄 수 있는 능력도 확장해 주었다.

가끔은 내가 다른 선택을 했더라면 지금 내 삶이 어떤 모습일지 궁금해진다. 더 어렸을 때부터 아빠의 조언을 받아들여 돈을 더 책임감 있게 썼다면 어땠을까 하고 말이다. 소비 성향, 특히 음주 습관에 대해서도 같은 질문을 하게 된다. 내가 술에 빠지지 않았더라면 내 삶은 어떻게 변했을까? 하지만 실수가 있었기에 나도 교훈을 얻을 수 있었고 결국 지금의 내가 될 수 있었다. 부모님의 가르침이 헛수고였다는 뜻은 아니다. 오히려 20대에 이런 결론을 낼 수 있었던 것도 모두 부모님의 가르침 덕분이었던 것 같다. 뭔가 나에게 해가 될 만한 일을 할 때 내 본능이 제동을 거는 것도 부분적으로 부모님 덕분이라고 믿는다. 그럼에도 나는 계속 실수를 하곤 했다. 하지만 내가 가져야 한다고 생각했던 것들을 쫓아다니고 나서야 내가 진심으로 원하는 게 무엇인지 깨닫게 되었다.

이 도전을 시작할 때만 해도 이것은 소비, 돈에 관한 도전이었다. 이 이야기도 돈에서 시작되었고, 내 이야기 중 상당수가 거기에서 출발한 것들이었다. 그리고 매년 금주가 저축에 도움이 되었던 것처럼 쇼핑 금지령도 마찬가지였다. 하지만 돌이켜보면 나의 도전은 결코 돈에 관한 게 아니었다. 쇼핑 금지령이 내게 준 최고의 선물은 내 삶을 통제하고 진정한 나 자신으로서 새로운 시작을 할 수 있게 하는 수단을 가르쳐준 것이었다. 쇼핑 금지령은 나를 도전하게 만들었고, 내 삶을 완전히 뒤집어놓았다. 쇼핑 금지령은 한 해 동안 17,000달러^{2,210만 원}를 아낄 수 있게 도왔고, 돈뿐만 아니라 나까지도 구해냈다.

 짐을 싸며 주방에 있는 스탠딩 거울에 비친 내 모습을 보다가, 내가 화장을 전혀 하지 않았다는 걸 깨달았다. 쇼핑 금지 전에는 아이라이너, 아이섀도, 마스카라 같은 기본적인 화장 없이는 감히 집 밖으로 나가지도 못했었다. 화장을 하지 않으면 피곤해 보일 것 같은 마음에 남들의 시선이 겁났다. 하지만 이젠 보습 크림 외에 얼굴에 뭔가를 더 바랐던 게 언제였는지도 기억이 나지 않는다. 이 역시 계획했던 바가 아니었다. 나는 다른 사람들이 어디에 돈을 쓰는지에도 관심이 없었고, 여자가 화장을 해야 하느냐 아니냐에 관해서도 아무 의견이 없었다. 화장은 개인적인 결정이기에 딱히 화장을 포기하는 사람이 되겠다고 계획을 하진 않았다. 하지만 내가 몇 번이고 거듭 깨달은 사실은 모든 사소한 변화에도 복리 이자가 붙는다는 것이다. 변화는 또 다른 변화를 만들어내고, 사고방식의 전환을 이끌어내며, 새로운 방식을 결정할 수 있도록 돕는다. 언젠가 다시 화장을 하게 되더라도, 사람들이 진짜 내 모습을 보는 걸 막으려는 용도로 하지는 않을 것이다. 그저 나 자신을 위한 화장을 하게 될 것이다.

   짐을 다 싸는 데에는 두세 시간밖에 걸리지 않았다. 원래 집에 있던 물건들 중 30%만 남아 있었기 때문이다. 가구를 제외한 나머지 물건들은 조그만 상자 여덟 개에 다 들어갔다. 다 합쳐서 스물아홉 벌뿐인 옷 역시 캐리어 하나에 눌러 담을 수 있었다. 이번엔 짐을 옮기면서도 기분이 좋았다. 각각의 상자의 무엇이 들어 있는지 정확히 파악하고 있었기 때문이다. 모두 버리고 기부한 후 마지막으로 남은 것만이 진정한 내 것이었다. 많지 않았지만 그걸로 충분했다.

그걸로 충분했다.
내가 가진 건 충분했다.
난 충분했다.

에필로그

사는(buy) 대신 사는(live) 법을 배우다

나의 쇼핑 금지령은 2015년 7월 6일로 끝났다. 한 해 동안 나는 평균적으로 수입의 51%(28,000달러 3,640만 원)로 생활을 했으며, 31%(17,000달러 2,210만 원)를 저축했고, 여행에 18%(10,000달러 1,300만 원)를 썼다. 나는 이 과정을 통해 더 적은 돈으로 살고 더 많이 저축하면서도 내가 사랑하는 일을 더 많이 할 수 있음을 증명했고, 무척 다양한 교훈을 배웠다. 나는 성공했다고 자축하며 이대로 도전을 관둘 수도 있었다. 실제로 나의 도전은 성공이었다. 하지만 그러는 대신 다음 날 (나의 서른 번째 생일날) 블로그에 게시물을 올렸다. 바로 다음 해에도 도전을 이어갈 예정이라는 내용이었다.

규칙은 기본적으로 같았다. 다만 이번에는 첫 해 동안 하지 않아서 후회되는 것들을 하기로 했다. 바로 내가 구매하고 소비한 물건 하나하나를 기록하는 것이었다. 내가 치약을 몇 개나 쓰는지 일일이 기록한다는 게 마리 콘도의 말처럼 그리 재미있지는 않았지만, 나의 조사에 기준점을 추가하고 싶었고, 평균적인 여성 소비자가 한 해 동안 실제로 구매해야 하는 것들이 무엇인지 독자들에게 보여주고 싶었다. 딱히 무언가를 기대하지는 않았지만 생각보다 훨씬 적게 사용할 거라고 예측했고 내 예측이 맞았다. 실제로 나는 데오도란트 스틱 다섯 개, 치약 네 개, 샴푸 두 통, 컨디셔너 두 통으로 1년을 났다. 이런 사실을 안다는 게 엄청난 일은 아니지만, 그래도 이 이후로 욕실용품을 쌓아둬야겠다는 생각은 하지 않게 되었다.

쇼핑 금지령을 이어가고 싶었던 또 다른 이유는 1월에 새로운 규칙을 직접 추가해놓고 전혀 활용하지 못했기 때문이었다. 청소용품이나 세탁세제를 다 쓴 적이 없어서 새로 만들 이유가 없었다. 굳이 양초를 만들거나 정원을 만드는 대신 없이 사는 쪽을 선택했다. 하지만 빅토리아로 돌아간다고 생각하자 다시 이런 것들에 도전하고 싶어졌다. 나는 작은 정원을 가꾼 후 내가 이런 데에 소질이 없는 사람임을 알게 되었지만, 그냥 계속해나가는 게 즐거웠기에 시도를 멈추지 않았다. 그저 다육식물과 선인장 정도만 길러야 하는 사람들도 있는 법이니까.

나는 계속해서 사용하지 않는 물건들을 정리하고 기

부해서 내가 가진 물건의 75~80%를 없애나갔다. 가장 흔하게 받는 질문이 버려놓고 후회하는 물건은 없는가 하는 것인데, 대답은 '없다'였다. 솔직히 버린 것들 대부분이 무엇이었는지조차 기억이 나지 않는다. 두 번째 해에 팔았던 것 중 기억에 남는 하나는 멜 때마다 기분이 어색했던 유명 브랜드 핸드백이었다. 난 원래 거의 매일 똑같은 검은 레깅스에 똑같은 플란넬 셔츠를 입는 사람이다. 결코 브랜드 같은 걸 따지는 사람이 아닌데도 몇 년 동안이나 그 핸드백을 가지고 다녔다. 바로 그게 프로페셔널한 케이트가 들 만한 가방처럼 보였기 때문이었다. 2년째 이어진 쇼핑 금지가 끝날 무렵, 나는 그 핸드백 대신 1박 하이킹 여행에도 가지고 갈 수 있는 60리터짜리 백팩을 마련했다. 아무리 들어도 어색하지 않을 가방이었다.

여행은 계속해서 돈을 쓰는 품목 중 하나였다. 금지령 2년 차에 나는 오리건 주 포틀랜드, 노스캐롤라이나 주 샬럿, 토론토, 위니펙, 솔트스프링섬, 갈리아노섬, 토피노, 밴쿠버, 그리고 (내가 최종적으로 이사할) 스쿼미시를 여행했다. 금지령이 끝난 후에는 혼자 7주 동안 미국

전역을 자동차로 여행했다. 두어 달 동안 외국에 살면서 일을 하는 등 '더 큰' 일을 할 수 있는 자유와 돈이 있었지만, 나는 북미 여행에 더 관심이 있었다. 자칫하면 자기가 사는 곳 주변 환경을 너무나 당연한 것처럼 받아들이게 되지만, 나는 북미에서도 가장 아름다운 곳에 살 수 있어 축복받았다고 생각하던 사람이었기 때문이다.

  2년 차가 끝났을 때 나는 실험을 반복하지 않기로 결심했다. 이미 그것이 나의 생활 방식이 되어버렸기에 실험이라 부를 수가 없었다. 따로 재고 물품 목록을 관리하지 않아도(솔직히 처음 한 번 해본 후로 시도한 적이 없었고), 필요한 게 있을 때만 물건을 산다. 할 일을 한다는 이유로 구매를 하진 않는다. 그럼 한 번 쇼핑할 때 더 많은 돈을 쓰는 게 아닐까 생각할 수도 있겠지만 오히려 그 반대다. 이제 난 그 무엇에도 돈을 낭비하지 않기 때문이다. 무언가를 살 때마다 항상 주의 깊게 고민하지 충동적으로 구매를 하는 일이 없다. 2014년 블랙 프라이데이 이후 블랙 아웃 상태로 물건을 산 적도 없다. (게다가 그 이후로 원래 갖고 있던 이북 리더기도 거의 사용을 안 했다.) 지금도 때때로 책을 사지만, 바로 읽을 수 있을 때만 구매하며 다 읽은 후에는 친구에게 주거나 지역 도서관에 기부한다.

가족들은 잘 지내고 있다. 우리의 새로운 규칙과 기준이 어떤 모습인지 아직도 알아나가는 중이지만, 항상 그럴 거라 믿었던 것처럼 지금도 함께 하고 있다. 안타깝게도 우리의 사랑하는 강아지들 둘 다 2017년 5월 무지개다리를 건넜다. 하지만 말년까지 우리 가족의 집에서 쭉 생활했으며 마지막 순간까지도 사랑을 받으며 떠났다.

일은 여전히 혼자 하고 있어서, 어떤 미래가 펼쳐질지 예측할 방법이 없다는 사실을 끊임없이 스스로에게 상기시켜야 하나, 그래도 괜찮다. 앞으로 어떻게 될지 알 수가 없다. 무슨 일을 하게 될지, 얼마를 벌게 될지, 어디를 여행하게 될지 아무것도 모른다. 하지만 본격적으로 이 책을 쓰기 전까지만 해도 책을 쓸 기회가 생길지조차 모르지 않았는가? 내가 아는 건 지금의 삶이 그 자체로 만족스럽다는 사실이다. 또한 지금까지 5년간 금주를 해왔기에 앞으로 내 인생에 무슨 일이 닥쳐도 다시는 술을 마시지 않을 거라는 자신감도 충만하다.

과거의 나는 흥청망청 쓰던 소비자였지만, 이젠 의식

있는 소비자가 되었다. 나는 30일간 소셜 미디어 디톡스를 하거나 TV 없이 살기를 하는 등, 별로 가치가 없다고 생각하는 것들의 소비를 줄이는 실험을 이어나가고 있다. 이런 실험이든 쇼핑 금지든, 사람들은 무언가를 금지하는 것 자체가 너무 제한적으로 느껴지지 않을까 걱정하는 것 같다. 물론 그런 걱정도 이해되기는 하지만 나의 조언은 언제나 같다. 중요한 것은 충동적으로 행동하기보다, 속도를 늦추고 자신이 진정으로 원하는 게 무엇인지 물어야 한다는 점이다. 그게 다다. 그것이 바로 '의식 있는' 소비자가 되는 길이다.

최근 내가 깨달은 가장 큰 교훈 중 하나는 무언가 흥청망청 소비하고 싶을 때는 보통 당신에게서 혹은 당신의 삶에서 결핍을 느끼고 있을 때이며, 그건 먹고, 마시고 사는 것으로 해결할 수 없다는 사실이다. 내가 그걸 아는 이유는 다 시도해봤지만 그 어느 것도 효과가 없었기 때문이다. 무언가를 소비하는 대신, 삶을 단순화하고, 불필요한 것을 제거하고, 실제로 무슨 일이 일어나고 있는지 파악해야 한다. 더 원하고, 더 소비하고, 더 필요로 하는 악순환에 빠지는 건 아무런 도움이 되지 않을 것이다.

'더'more는 결코 해답이 될 수 없다.

알고 보면 언제나 답은 '덜'less이다.

🌿 쇼핑 대신 덜어내는 삶을 위한 가이드

독자 여러분,

지금 제 이야기를 읽고 영감을 받아서 비슷한 실험을 하려고 하시나요? 그렇다면 먼저 이렇게 말하고 싶습니다. 저도 정말 기대된다고요. 이런 도전이 결코 쉽지는 않겠지만, 소비 습관을 바꾸고 인생에서 가장 소중한 것이 무엇인지 파악한다는 기분으로 노력한다면 여러분도 끝까지 해낼 수 있을 겁니다.

저도 말은 이렇게 하지만, 이런 도전을 시작하고 싶은 마음과 도전을 성공적으로 완수하는 것은 별개의 문제라는 걸 알고 있습니다. 만약의 상황에 대비해야 하고, 개인적인 목표와 규칙을 설정해야 하며, 다른 사람들까지 고려해야 합니다. 이런 경험을 하는 동안 자신에 대해 몰랐던 것들을 새롭게 깨닫게 될 수 있습니다. 실제로 줄곧 존재하고 있었지만 여러분의 소비력 뒤에 몰래 숨어 있던 것들 말입니다. 그리고 충분히 오랫동안 도전하게 되면 생각했던 것보다 훨씬 더 많은 수완을 발휘할 수 있을 거라 봅니다.

저는 여러분도 그런 지점까지 도달하기를 바랍니다. 만

약의 상황 때문에 방해를 받거나, 다시 원상태가 되어버리거나, 모든 실험을 포기하게 되는 일은 없기를 바랍니다. 무슨 시련이 나타나도 하나하나 다 헤쳐나가기를, 그래서 결국엔 스스로에 대해 더 많이 깨닫게 되기를, 지갑을 열지 않고도 이 세상을 살아나갈 창의적인 방법을 발견하기를 바랍니다. 여러분의 재정적 목표는 아마도 지금보다 덜 쓰기, 특별한 목적 없이 더 저축하기, 특정한 목적을 위해 더 저축하기, 그리고 더 의식 있는 소비자 되기 등일 겁니다. 이 가이드에서 제 목표는 여러분의 목표가 무엇이든 지금 상황을 잘 정리해서 끝까지 도전을 밀고 나갈 수 있게 도와주는 것입니다.

시작하기 전, 맨 처음 이 도전을 받아들이기로 마음먹은 이유에 대해 어느 정도 시간을 두고 고민해보기를 권합니다. 어떤 사람들은 이걸 자신만의 '동기'라고 부릅니다. 어쩌면 인생의 다른 선택과 그리 다르지 않은 동기일 수도 있고, 이 도전에 한해서만 매우 특별한 동기가 있을 수도 있습니다. 만약 동기를 규정짓는 데에 도움이 필요하다면, 지금 여러분이 삶의 여정 중 어느 위치에 있는지 고민한 뒤 다음과 같은 질문들을 던져보길 바랍니다. 지금 당장 여러분은 무엇을 원하나요? 이 인생에서 무엇을 없애버리고 싶은가요? 이 세상에 어떤 흔적을 남기고 싶은가요? 그리고 그 이유는 무엇인가요?

도전하는 내내 여러분의 가치관 목록을 작성해보는 것도 추천합니다. 가치관과 포부는 다릅니다. 제가 이상적인 버전의 저 자신을 위해 물건을 샀던 것도 그 두 가지를 혼동해서였습니다. 오히려 가치관은 원칙 혹은 행동 기준 그리고 삶에서 무엇이 중요한지에 대한 판단으로 정의될 수 있습니다. 당신의 가치관을 새롭게 깨닫게 될 때마다 그것을 목록에 추가하세요. 그리고 그것을 가까운 곳에 (가능하면 지갑 안에) 보관하세요.

여러분이 각자의 실험을 끝낼 때쯤에는 자신의 목표와 가치에 부합하는 생활방식대로 살게 되기를 바랍니다. 또한 여러분의 예산도 거기에 맞춰지기를 바랍니다. 모든 것이 다 함께 어우러질 때 내면의 평화, 감사함, 이미 자신이 가진 것에 대한 고마움을 발견하기도 훨씬 더 쉬워질 것입니다. 행운을 빕니다!

1. 집에 있는 잡동사니 정리하기

기간에 상관없이 쇼핑 금지를 시작하기 전에, 먼저 집 안을 모두 살펴본 후 여러분 삶에 도움이 되지 않는 것들은 없애버리는 것을 추천한다. 그냥 물건을 깔끔하게 정리하라는 게 아니다. 갖고 있는 것들을 분석하고, 무엇을 보관해야 할지 스스로에게 질문하고, 나머지는 모두 없애야 한다. 언뜻 모순처럼 들릴 수도 있을 것이다. 3개월, 6개월, 1년 동안 아무것도 사지 못하는데 이미 가지고 있는 것을 없애버리라고? 하지만 먼저 잡동사니를 정리해보면 당신이 과거에 돈 낭비를 한 물건들이 얼마나 많은지 눈에 들어올 것이며, 더 이상 낭비를 하지 않게끔 동기 부여도 되어줄 것이다. 또한 얼마나 많은 물건들을 보관하고 있는지 시각적으로 상기시켜주는 역할도 한다.

2. 재고 조사

물건이 옷장, 서랍장, 상자 안에 들어 있으면 그 양이 어느 정도인지 잊어버리기 쉽다. 그러므로 잡동사니 정리를 하는 동안 당신이 가장 많이 가지고 있는 물건들의 재고 목록을 작성해보는 것을 추천한다. 나는 펜이 몇 자루 있는지까지 일일이 다 기록했는데, 나만큼 정확하게 할 필요는 없다. 그 대신 이 방법을 써보자. 집 안의 각 공간을 살펴보고 거기에서 가장 많은 물건 다섯 가지를 적는다. 예를 들어, 욕실이라면 샴푸, 컨디셔너, 로션, 치약, 데오도란트 등이 있을 것이다. 이 것들을 재고 조사한 후 현재 '보유 물량'을 기록한다. 이렇게 적어놓은 물건들은 다 써서 다시 사야 하기 전까지 쇼핑 금지 기간에 구매할 수 없다.

3. 세 가지 목록 만들기

잡동사니 정리와 재고 조사를 하는 동안 두 가지가 뚜렷해지기 시작할 것이다. 첫째, 여러분의 집에는 더 이상 살 필요가 없는 물건들이 있다는 것. 그리고 둘째, 쇼핑 금지 기간임에도 꼭 사야 할 것들이 몇 가지 있다는 것. 이 시점이 세 가지 목록을 만들 때다.

✓ **필수 목록*** 다 떨어지면 곧바로 사도 되는 물건 목록

이 목록을 만드는 가장 쉬운 방법은 매일 집안을 돌아다니며 각 방에서 사용하는 물건들을 살펴보는 것이다.

나의 경우 식료품과 욕실용품을 여기에 넣었고, 다른 사람에게 주는 선물도 여기 포함시켰다.

✓ **비필수 목록*** 쇼핑 금지 기간에 사면 안 되는 물건 목록

나의 경우 사용하면 즐겁기는 하지만 매일 쓰지는 않는 물건, 예를 들어 책, 잡지, 양초를 여기에 넣었다. 재고 조사를 끝냈다면 각 항목 옆에 참고삼아 개수를 기입해 놓자.

✓ **승인된 쇼핑 목록*** 쇼핑 금지 기간에 살 수 있는 특별한 물건 목록

물건 정리를 하고 갖고 있는 재고를 조사하면서, 쇼핑 금지 기간에 어떤 일이 일어날지, 이 목록에 무엇을 추가하면 될지 고민해보자.

* 내가 여기에 외식이나 휴가 같은 '경험' 비용은 포함하지 않았다는 걸 눈치챘을 것이다. 이런 것들을 목록에 추가시키고 싶으면 원하는 대로 하면 된다! '반드시'라는 건 없다. 나의 경우 테이크아웃 커피에 많은 돈을 쓰는 게 불편했던 탓에 테이크아웃 커피를 비필수 목록에 추가했다. 하지만 종종 음식점에 가는 건 허락하고

있다. 여러분의 목록 역시 여러분에게 맞는 것이면 그만이다.

4. 각종 스토어·쿠폰 뉴스레터 구독 끊기

사도 되는 것, 사면 안 되는 것 목록을 만들었으니 이제 최대한 유혹을 제거할 시간이다. 우선 받은 편지함에 어떤 것들이 날아오는지부터 확인해보자. 스토어에서 온 소식, 돈이 드는 서비스가 보이면 바로 구독 해제를 누른다. 여기서 한 단계 더 나가고 싶다면 소셜 미디어에서 팔로우 중인 스토어들을 모두 언팔하길 추천한다. 여기서 또 한 발짝 더 나아가고 싶다면, '언젠가' 사려고 북마크해두었던 모든 물건을 다 삭제해버리는 거다. 눈에서 멀어지면 마음에서도 멀어질 테니까.

5. 쇼핑 금지령 예금 계좌 만들기

궁극적인 목표가 무엇인지 모르겠지만 어쨌든 쇼핑을 하지 않음으로써 돈이 모일 것이다. 그걸로 무얼 하든 여러분의 선택이겠지만, 새로운 예금 계좌를 만들어 (혹은 만들어놓고 쓰지 않는 계좌를 이용해) "쇼핑 금지령 계좌"라고 이름 붙여주는 것을 제안한다. 매달 넣을 금액은 여러분에게 달려 있다. 내 경우엔 테이크아웃 커피를 사지 않아 절약하게 될 돈을 생각해 100달러[13만 원]를 입금하는 것으로 시작했다. 충동구매를 참았을 경우 그 돈을 대신 계좌에 넣는 것도 좋은 아이디어다. 마지막으로, 잡동사니를 정리한 후 내다 판 물건값도 이 계좌에 입금할 수 있다.

돈을 쓰지 말아야 한다는 걸 계속 상기시키고 싶다면 지갑 안에 있는 현금카드와 신용카드에 포스트잇을 붙여 지금 쇼핑 금지령 중임을 알리는 문구를 적는다. "정말로 필요한 거야?" 또는 "쇼핑 목록에 있는 것인가?" 같은 것들을 말이다.

6. 모든 지인에게 알리기

가족, 파트너 그리고 자녀에게 알리는 것으로 시작하자. 특히 같은 집에 살고 있거나 가계 예산을 공유하고 있는 사람에게는 꼭 알려야 한다. 그들과의 대화를 바탕으로 가족들 모두가 참여하기를 바라는지, 아니면 솔선수범하여 혼자 실천해나갈 것인지 결정해야 한다. 다른 사람들까지 참여시키면 저항이 있을 수 있으니 너무 밀어붙이지는 않도록 한다. 지금 가장 중요한 것은 여러분이 일정 기간 필수적인 것을 제외하고는 쇼핑을 하지 않기로 마음먹었다는 것을 남들에게 알리는 것이다. 여러분이 세운 목표가 무엇인지, 이것이 여러분과 가족에게 어떤 도움이 될 거라고 생각하는지 설명하고, 저축한 돈으로 무엇을 할 건지에 대해서도 목표를 정해보자.

그다음엔 가장 많은 시간을 함께 보내는 사람에게 알려야 한다. 더 많은 사람에게 알릴수록, 더 수월하게 쇼핑 금지를 지킬 수 있다. 말을 내뱉은 이상 자기 자신뿐만 아니라 그들에게도 책임 져야 할 필요성을 느낄 것이기 때문이다. 그리고 쇼핑하고 싶다는 욕구가 생길 때마다 전화를 걸거나 문자를 할 수 있는 조력자가 한 명 이상 있는 게 좋다. 그래야 그들이 여러분을 말릴 수 있다.

7. 돈이 많이 드는 습관을 무료나 저렴한 대체제로 바꾸기

쇼핑 금지를 고려하고 있는 사람들의 첫 번째 걱정은 돈이 많이 드는 습관, 특히나 다른 사람들과 연관이 있는 습관을 무엇으로 대체해야 할지 모르겠다는 것이었다. 다른 사람에게 "나는 쇼핑 못 해요" 또는 (여러분이 쇼핑 금지의 맥락에서 음식점에서 쓰는 비용을 줄이고 있다면) "외식 못 해요" "술 마시면 안 돼요"라고 말하는 게 늘 즐거운 대화 주제는 아닐 것이다. 하지만 여러분이 먼저 무료·저렴한 활동을 제안한다면, 몇 달러를 절약할 수 있는 일이라면 기꺼이 하는 사람들이 많다는 사실에 놀랄 수도 있을 것이다. 예를 들어 쇼핑몰을 걸어 다니거나 차를 몰고 아웃렛에 가는 대신, 하이킹을 하거나 이웃 동네를 걸어서 산책하는 습관을 만드는 것이다. 또한 외식을 나가서 저녁을 먹고 술을 마시는 대신, 바비큐 모임을 주최하거나 손님들이 모두 먹을 걸 준비해오는 포트럭 파티를 여는 걸 제안한다.

8. 자신의 트리거에 유의하기

이제 마음챙김이 필요한 때가 왔다. 쇼핑하고 싶다는 욕구를 느낄 때, 때론 친구에게 문자 메시지를 보내거나 도움을 요청하는 것만으로 충분하지 않을 수 있다. 그럴 때면 지금 하던 일을 모두 멈추고 현재 상황에서 일어나고 있는 모든 일들을 고려해볼 필요가 있다. 기분이 어떤가? 별로인 하루를 보냈는가? 지금 어디인가? (어쩌다 거기에 갔는가?) 누구와 함께 있는가? 지금 무슨 말로 자기 정당화를 하고 있는가? 이 모든 것이 뭔가 사고 싶게 만드는 트리거가 될 수 있기에 그런 트리거를 발견하는 게 굉장히 중요하다. 그래야 당신의 반응을 궁극적으로 변화시킬 수 있기 때문이다. 하루빨리 나쁜 습관을 좋은 습관으로 대체하지 않으면 소비 습관이 '재발'해서 다시 예전으로 돌아가 버릴 가능성이 크다. 트리거를 발견하면 (돈을 쓰는 것 외에) 당신이 할 수 있는 일을 파악한 뒤 그 행동을 반복하면 된다. 그러면 그 새로운 행동이 결국 새로운 습관이 될 것이다.

9. 없이 사는 법 배우기, 수완이 더욱 풍부한 사람 되기

3개월 이상 쇼핑 금지를 한다면, 포기하고 싶은 순간이 몇 차례 올 수 있다. 그럴 때마다 헤쳐나갈 수 있는 유일한 방법은 한동안 그 아이템 없이 살아보는 것이다. 그것이 정말로 꼭 필요한 게 아니라면 적어도 30일간 그 아이템 없이 살아보자. 그리고 그동안 그 물건이 정말로 필요한 순간이 몇 번이나 찾아오는지 확인해보는 거다. 매일 같이 불편하다면 당장 교체하라. 그게 아니라면, 그냥 없이 살자. 또한 당신이 없이 사는 물건이 무엇인지에 따라 다르겠지만 고치거나 새로 구하는 게 의외로 쉬울 수도 있다. 직접 고칠 수 없다면 아는 사람에게 빌릴 수도 있고 렌트를 할 수도 있다. 우리가 더 많은 것을 공유할수록 쓰레기 매립지로 가는 물건은 줄어든다.

10. 가진 것에 감사하기

시간이 흐르다보면 결국 현재 가지고 있는 것에 감사하는 마음이 들기 시작할 것이다. 옷장에 있는 옷부터 부엌에 있는 조리도구까지, 이미 가지고 있는 것을 사용하다 보면 정말로 꼭 필요한 건 이미 다 가지고 있다는 걸 깨닫게 될 것이다. 가족과 친구들의 건강, 행복, 관계가 최우선이 될 것이다. 그리고 밖에서 산책을 하는 것만으로 하루가 밝아질 것이다. 내가 깨달은 한 가지 중요한 사실은 쇼핑 금지의 성공 여부는 자신이 스스로에게 어떤 이야기를 하느냐에 달려 있다는 것이다. "이거 못 해먹을 짓이군"이라고 생각해버리면 결국 흥청망청 쓰는 걸로 끝나버릴 수 있다. 하지만 "이 물건 훌륭해, 하지만 지금 꼭 필요하진 않아"라고 말하며 이미 가진 것에 감사하기로 마음먹는다면, 당신이 포기한 아이템을 다시는 찾지 않게 될 것이다.

정말로 무언가 사야 할 필요를 느낄 때

1년간의 쇼핑 금지에 대한 책을 다 쓰고 난 지금도 분명히 말할 수 있다. 쇼핑 금지 기간에 승인된 쇼핑 목록에는 없는 물건이 필요해질 때가 반드시 올 거라는 사실을 말이다. 여러분도 이런 상황에 빠졌을 경우, 다음에 나오는 '질문 순서도'를 따라서 자신에게 물어보자.

주의 반드시 양질의 물건을 살 필요는 없다. 예를 들어, 여러분의 어린 자녀가 입을 새 옷이 필요할 경우 가능하면 중고나 무료로 옷을 구하는 것도 괜찮다. 아이들은 어차피 빨리 크기 때문이다. 하지만 자주 사용하는 제품을 새로 구입할 때는 항상 저렴한 것만 선택하지 말자. 내 경우 가격이 싸다는 이유로 패스트 패션 아이템을 자주 구매했던 경험이 있다. 그러나 대부분 몇 달도 못 가 새로 바꿔야 했기에 그 선택은 실수로 드러났다.

  마지막으로 이것을 꼭 기억하길. 쇼핑 금지의 성공 여부는 도전 내내 여러분이 스스로에게 건네는 이야기의 내용에 달려 있다. 이 도전이 너무 어렵다고만 생각하면 갑자기 그만둘 위험도 커지고, 예전의 습관으로 돌아가 버리기도 쉽다. 하지만 지금 가진 것에 감사하면서 구매한 것만 사용하는 생활을 하다보면 그 결과는 당신의 인생을 바꿔놓을 수도 있다. 나는 대규모의 물건 정리와 제거, 쇼핑 금지를 동시에 진행해서 내가 인생에서 소중하게 생각하는 게 무엇인지 알게 되었고, 그것은 가게에서 살 수 있는 게 아니라는 것도 배웠다. 여러분도 나와 같은 이해와 깨달음을 안고 쇼핑 금지를 성공적으로 마무리할 수 있기를 바란다.

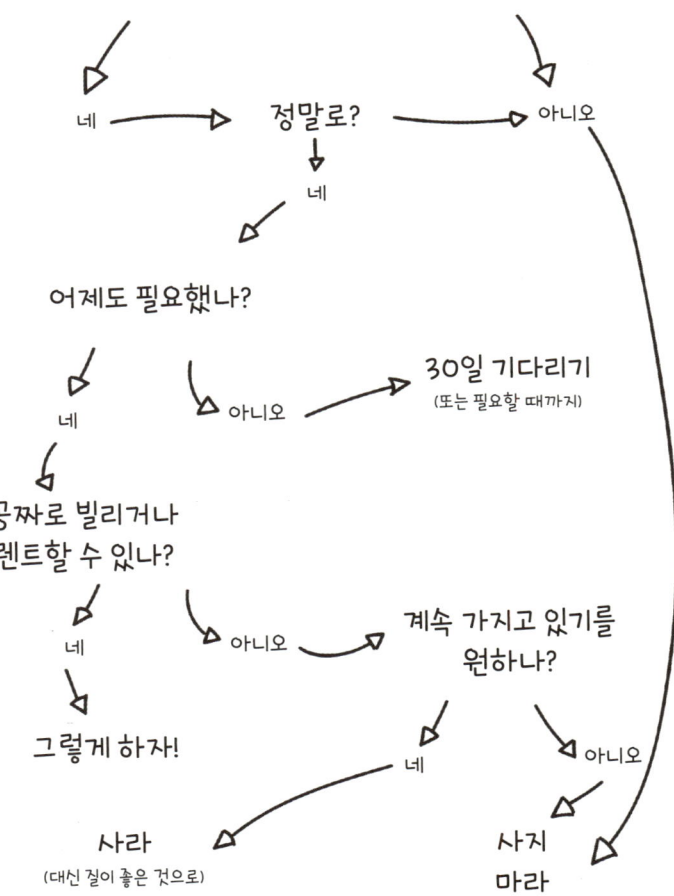

참고 자료

덜어내는 한 해를 보내는 동안 좀 더 의식 있는 소비자가 될 수 있도록 도와준 자료를 소개한다. 여기 그 자료들, 그리고 내가 아끼는 것들을 목록으로 정리해보았다. 이것들이 여러분에게도 도움이 되길 바란다.

팟캐스트
- **Hurry Slowly**: http://hurryslowly.co/
- **Optimal Living Daily**: http://oldpodcast.com/
- **The Slow Home Podcast**: http://slowyourhome.com/the-slow-home-podcast/

TEDx Talks
- "**All It Takes Is 10 Mindful Minutes**" with Andy Puddicombe 앤디 퍼디컴, 10분만 알아차리면 됩니다

  ted.com/talks/andy_puddicombe_all_it_takes_is_10_mindful_minutes
- "**Listening to Shame**" with Brené Brown 브레네 브라운, 수치심에 귀 기울이기

  ted.com/talks/brene_brown_listening_to_shame

명상 앱
- **Calm**: calm.com
- **Headspace**: headspace.com
- **Insight Timer**: insighttimer.com

다른 앱
- **Moment**: inthemoment.io

커뮤니티

 온갖 참고 자료를 다 가지고 있고 모든 수단과 방법을 동원한다 해도, 커뮤니티의 지지만큼 도움이 많이 되는 게 없을 때가 있다. 내가 빚을 청산하고 쇼핑 금지 실험을 완수할 수 있었던 이유 중 하나는 온라인상에서 나를 응원해주는 사람들이 있었기 때문이다. 내가 속한 커뮤니티는 내가 책임감을 가질 수 있게 도와주었을 뿐만 아니라, 격려의 말이나 압박이 필요할 때마다 의지할 수 있는 곳이었다. 여러분에게도 그런 곳이 있기를 바란다.

 앞으로 비슷한 도전을 할 사람들을 위해 내가 직접 우리의 이야기, 성공담, 고생담을 공유할 수 있는 온라인 커뮤니티를 만들었다. 우리의 경험을 나누고 서로에게 제안을 하고 격려의 말을 건넬 수 있는 안전한 공간이다. 그리고 서로를 향한 칭찬이 가득할 것이다! 우아, 칭찬이 있다니!

커뮤니티에 가입하여 여러분의 이야기를 공유해보세요:
caitflanders.com/community

내가 블로그에서 줄곧 이야기하던 것 중 하나가 '더 많이 공유할수록 더 많이 알게 되고 더 나은 우리가 될 것이다'이다. 이 책과 우리의 커뮤니티가 앞으로 수많은 사람의 의식 있는 결정에 영감을 주기를 희망한다. 하지만 그 모든 것의 시작은 단 하나의 질문에 대답하는 것에서부터 시작한다. 당신이 진정으로 원하는 것은 무엇인가?

사랑을 담아,
케이트

독서 클럽 가이드

    이 책은 저자가 1년간 '쇼핑 금지'를 실천하며 겪은 도전과 그 과정에서 얻은 놀라운 깨달음을 담은 이야기다. 아래의 질문들은 저자의 실제 경험을 바탕으로 여러분의 삶을 되돌아보는 데 도움이 될 수 있다.

- 책의 초반에서 저자는 어릴 때부터 가족과 돈에 대해 자주 이야기했으며, 그것이 자신에게 어떤 영향을 주었는지 털어놓습니다. 여러분은 어린 시절 가족과 돈에 대해 어떤 이야기를 나누었나요? 그런 대화는 여러분의 금전관념에 어떤 영향을 주었나요? 앞으로 가족이나 친구들과 나눠보고 싶은 돈에 대한 이야기가 있다면 무엇인가요?

- 살면서 무언가를 샀다가 실망했던 경험이 있나요? 그 물건을 왜 샀으며, 무엇이 실망스러웠나요? 그때 소비 결정을 다르게 할 수는 없었을까요?

- 파트 5에서 쇼핑 금지 기간 중 내면의 목소리에 설득되어 승인되지 않은 물건을 구매하게 되는 에피소드가 나옵니다. 이 장면에서 공감이 되었던 부분이 있었나요? 여러분은 무언가를 사고 싶을 때, 속으로 어떤 말을 자신에게 하나요?

- 저자는 한때 술자리에서 '잘 노는 사람'이라는 이미지에 자신감을 느꼈다고 고백합니다. 술을 끊은 뒤에는 자존감을 어디서 찾아야

할지 몰라 많은 잘못된 소비를 하게 되었다고 합니다. 여러분은 자신을 어떤 기준으로 평가하고 있나요? 그리고 그것이 소비 습관에 어떤 영향을 주고 있나요?

- 우리는 왜 서로에게 소비를 권장하는 걸까요? 모두가 진짜 원하는 삶을 위해 저축하거나 보다 의미 있는 지출을 하고 싶어 하면서도 말이죠.

- "삶에서 부정적인 것을 내려놓으면, 긍정적인 것이 들어올 자리가 생긴다"는 말처럼, 여러분도 그런 경험을 해본 적이 있나요? 그렇다면 어떤 순간이었나요?

- 만일 돈이 더 이상 스트레스의 원인이 아니라면, 여러분은 어떤 일을 하고 싶은가요? 그리고 지금 그 일을 하지 못하게 막고 있는 건 무엇인가요? 혹시 스스로에게 들려주고 있는 '이야기'가 있다면, 그 이야기를 다시 써볼 수 있을까요?

- 여러분이 삶에서 큰 변화를 시도하지 못하게 만드는 요인은 무엇인가요? 완벽하게 해내지 않아도 괜찮다고 자신에게 말해줄 수 있다면, 조금 더 쉽게 시작할 수 있을까요? 도와줄 수 있는 사람이나 자원이 있을까요?

- 여러분에게 '의식 있는 소비자'란 어떤 의미인가요? 앞으로 더 의식적으로 소비하기 위해 시도해보고 싶은 일은 무엇인가요?

감사의 말

내가 모든 물건을 순서대로 줄 세우기 좋아한다는 건 다들 알고 있을 테니, 감사의 말에서 같은 시도를 한다고 해서 나를 이상하게 보지는 않으리라 믿는다! 이 책이 어떻게 나오게 되었는지부터 시작하겠다.

맨 먼저, 나의 이야기를 포브스에 공유해준 로라, 그리고 그 이야기를 읽고 책 출간을 계획한 여러 명의 저작권 대리인들에게 감사를 전한다. 너무 당황해서 어떻게 진행해야 할지 아무 생각이 없었는데 그들과의 대화가 궁극적으로 나를 여기로 이끌었다.

나를 자신의 에이전트에 소개해준 크리스에게도 평생 감사할 것이다. 결국 그 에이전트에 나도 들어가게 되었다. 루신다, 당신의 도움이 없었더라면 이 책이 이렇게 나오지 못했을 것이다. 성공을 위한 챔피언이 되어주어서, 항상 솔직하게, 진실하게 대해주어서 감사하다.

헤이 하우스 가족들 말고 다른 출판사에 내 개인적인 이야기를 공유하는 건 상상도 할 수 없다. 헤이 하우스는 나에게 가족이나 마찬가지며 나를 그곳에 입양시켜

주어서 너무 감사하다. 패티, 내가 제안서에 설명한 그대로 쓰기만 하면 된다는 말은 정말 선물처럼 고마웠다. 그리고 앤, 내가 영어 전공자가 아닌 게 분명한데도 당신은 늘 내가 좋은 작가인 것처럼 느끼게 만들어주었다. 내 스타일을 존중해주고 내 자신을 더 쏟아부을 수 있게 도와주어서 감사하다.

나는 원래 사람이란 '모든 걸 다 해낼' 수는 없다고 믿는 사람이다. 혼자서도 해낼 수 없고 모든 걸 동시에 해낼 수도 없다. 이 책을 쓰기 위해 시간을 쓴다는 건 (일시적으로나마) 다른 두 프로젝트에서는 발을 빼야 한다는 걸 의미했다. 사업 파트너인 캐리와 제이가 없었더라면 나는 책을 쓸 수 없었을 것이다. 이 여정의 모든 단계, 단계마다 유연한 자세로 나를 지지해준 것에 감사의 마음을 전한다. 두 사람과 같이 일할 수 있어 영광이다. 두 사람에겐 내가 적어도 절반의 몫은 하는 파트너이기를 바란다.

편집자가 감사의 말을 쓰고 싶냐고 물었을 때만 해도 솔직히 더 이상 무슨 말을 할 수 있을지 확신이 없었다.

이 책은 내 가족 그리고 덜어내는 삶을 사는 동안 나에게 도움을 준 모든 친구에게 보내는 러브 레터다.

특별히 언급하고 싶은 사람이 몇 명 있다.

줄리, 모든 고민을 들어주는 친구. 우리의 우정에 대해 수천 가지 단어로 설명해보려 했지만 이제 와서 보니 딱 한 문장으로 요약할 수 있을 것 같아. 너는 내가 진정한 내 모습을 보일 수 있는 친구야. 함께했던 모든 아침 식사, 커피, 휴식 시간의 밀크셰이크에 감사해.

파스칼, 내 아웃도어 모험의 파트너. 집 밖에서 더 많은 시간을 보낼 수 있게 영감을 주어 고마워. 야외에 나갔을 때 가장 멋진 나 자신이 되는 것 같아. 그걸 너와 공유할 수 있어서 감사해. 나이가 든 후 우리의 '화요 모험'이 어떤 모습일지 기대돼.

알리사, 내 고통을 덜어주고 외로움을 덜 느끼도록 도와주어 고마워. 토비, 몰리, 렉시도 이제 서로의 곁을 지키고 있다는 거 알고 있어.

더 나은 작가가 되도록 영감을 준 섀넌, 이 책이 나오기까지 모든 단계마다 축하해준 아만다, 내가 이 책을 쓸 수 있을 거라 생각해준 최초의 친구, 마르시에게도 감사한다고 말하고 싶다.

내 블로그를 구독하는 멋진 사람들, 커뮤니티에 있는 친구들이 없었더라면 난 여기 있지 못했을 것이다. 지금까지 나의 마음을 표현할 정확한 단어를 찾지 못했는데 이제 이렇게 말하고 싶다. "모두 감사합니다." 이 책 자체가 가족들에게 보내는 러브 레터이지만, 늘 나를 믿어주는 가족들에게 고맙다고 말하고 싶다.

독서에 대한 애정을 키울 수 있게 해주고 글을 쓰도록 격려해주어 고마워요. 책에 대한 아이디어를 던져주고 언젠가 내가 작가가 될 거라고 생각해줘서 고마워요. 난 이게 가능할 줄 전혀 몰랐는데 여러분은 예상했네요. 이렇게 친밀한 가족을 가질 수 있어서 정말 행운이에요. 가족이 없었더라면 난 길을 잃고 말았을 거예요.

그리고 엠마, 너도 마찬가지야, 넌 내 가족이야. 사랑해.

나는 쇼핑중독자였습니다

초판 1쇄 발행 2025년 7월 29일

지은이 케이트 플랜더스
옮긴이 윤영
펴낸곳 ㈜에스제이더블유인터내셔널
펴낸이 양홍걸 이시원

홈페이지 siwonbooks.com
블로그·인스타·페이스북 siwonbooks
주소 서울시 영등포구 영신로 166 시원스쿨
구입 문의 02)2014-8151
고객센터 02)6409-0878

ISBN 979-11-6150-544-2 03190

이 책은 저작권법에 따라 보호받는 저작물이므로 무단복제와 무단전재를 금합니다. 이 책 내용의 전부 또는 일부를 이용하려면 반드시 저작권자와 ㈜에스제이더블유인터내셔널의 서면 동의를 받아야 합니다.

시원북스는 ㈜에스제이더블유인터내셔널의 단행본 브랜드입니다.

독자 여러분의 투고를 기다립니다.
책에 관한 아이디어나 투고를 보내주세요.
siwonbooks@siwonschool.com